ROBINSON BARREIRINHAS

COMO PASSAR

4ª Edição 2018

2ª FASE

PRÁTICA
TRIBUTÁRIA

COMPLETO PARA **OAB** 2ª FASE

2018 © Editora Foco

Coordenador: Wander Garcia
Autor: Robinson Barreirinhas
Editor: Roberta Densa
Diretor Acadêmico: Leonardo Pereira
Assistente editorial: Paula Morishita
Revisora Sênior: Georgia Dias
Projeto Gráfico: R2 Editorial
Diagramação: Ladislau Lima
Capa: Leonardo Hermano
Impressão e acabamento: EDELBRA

Dados Internacionais de Catalogação na Publicação (CIP) de acordo com ISBD

C735

Como passar na OAB 2ª fase: prática tributária / Robinson Barreirinhas ; organizado por Wander Garcia. – 4. ed. – Indaiatuba, SP : Editora Foco, 2018

164 p. ; 16cm x 23cm.

ISBN: 978-85-8242-235-9

1. Direito. 2. Ordem dos Advogados do Brasil - OAB. 3. Exame de Ordem. 4. Prática Tributária. I. Barreirinhas, Robinson. II. Garcia, Wander. III. Título.

2018-109   CDD 340   CDU 34

Elaborado por Vagner Rodolfo da Silva - CRB-8/9410

Índices para catálogo sistemático:

1. Direito 340   2. Direito 34

DIREITOS AUTORAIS: É proibida a reprodução parcial ou total desta publicação, por qualquer forma ou meio, sem a prévia autorização da Editora Foco, com exceção do teor das questões de concursos públicos que, por serem atos oficiais, não são protegidas como Direitos Autorais, na forma do Artigo 8º, IV, da Lei 9.610/1998. Referida vedação se estende às características gráficas da obra e sua editoração. A punição para a violação dos Direitos Autorais é crime previsto no Artigo 184 do Código Penal e as sanções civis às violações dos Direitos Autorais estão previstas nos Artigos 101 a 110 da Lei 9.610/1998.

NOTAS DA EDITORA:

Atualizações do Conteúdo: A presente obra é vendida como está, atualizada até a data do seu fechamento, informação que consta na página II do livro. Havendo a publicação de legislação de suma relevância, a editora, de forma discricionária, se empenhará em disponibilizar atualização futura. Os comentários das questões são de responsabilidade dos autores.

Bônus ou *Capítulo On-line*: Excepcionalmente, algumas obras da editora trazem conteúdo extra no *on-line*, que é parte integrante do livro, cujo acesso será disponibilizado durante a vigência da edição da obra.

Erratas: A Editora se compromete a disponibilizar no site www.editorafoco.com.br, na seção Atualizações, eventuais erratas por razões de erros técnicos ou de conteúdo. Solicitamos, outrossim, que o leitor faça a gentileza de colaborar com a perfeição da obra, comunicando eventual erro encontrado por meio de mensagem para contato@editorafoco.com.br. O acesso será disponibilizado durante a vigência da edição da obra.

Impresso no Brasil (03.2018)   Data de Fechamento (02.2018)

2018

Todos os direitos reservados à Editora Foco Jurídico Ltda.
Al. Júpiter, 542 – American Park Distrito Industrial
CEP 13347-653 – Indaiatuba – SP

E-mail: contato@editorafoco.com.br
www.editorafoco.com.br

Acesse JÁ os conteúdos *ON-LINE*

 SHORT VIDEOS
Vídeos de curta duração com dicas de
DISCIPLINAS SELECIONADAS

Acesse o link:
www.editorafoco.com.br/short-videos

  ATUALIZAÇÃO em PDF e VÍDEO
para complementar seus estudos*

Acesse o link:
www.editorafoco.com.br/atualizacao

* As atualizações em PDF e Vídeo serão disponibilizadas sempre que houver necessidade, em caso de nova lei ou decisão jurisprudencial relevante, durante o ano da edição do livro.

* Acesso disponível durante a vigência desta edição.

APRESENTAÇÃO

Caro leitor,

Com intuito de atualização e treinamento do bacharel em direito para a realização da prova de segunda fase da OAB, a Editora Foco, por meio de seus autores, preparou essa nova edição do manual **PRÁTICA TRIBUTÁRIA**, trazendo algumas importantes novidades.

O manual contém tanto as peças práticas, como as questões cobradas nas provas de segunda fase, desde 2014 até o último exame (XXIII Exame de Ordem Unificado), aplicado no final de 2017, na área de Direito Tributário.

Além disso, todo o conteúdo se encontra em consonância com o Novo Código de Processo Civil, havendo remissões aos artigos do Novo Código nas citações jurisprudenciais, e substituição dos artigos do antigo Código de Processo Civil pelos dispositivos do Novo Código de 2015, proporcionando segurança ao candidato quanto à sua preparação em relação à legislação ora vigente.

É com grande satisfação, que lhes apresentamos essa importante obra, fundamental para aprovação na segunda fase do Exame de Ordem, na área de Direito Tributário.

Sucesso!

Wander Garcia

SUMÁRIO

ORIENTAÇÕES AO EXAMINANDO IX

1. PROVIMENTOS CFOAB 144/2011, 156/2013 E 174/2016: O NOVO EXAME DE ORDEM IX
2. PONTOS A SEREM DESTACADOS NO EDITAL DO EXAME XII
   2.1. Materiais/procedimentos permitidos e proibidos XII
   2.2. Legislação nova e legislação revogada...XIII
   2.3. Critérios de correção..XIII
3. DICAS DE COMO ESTUDAR XIV
   3.1. Tenha calma XIV
   3.2. Tenha em mãos todos os instrumentos de estudo e treinamento.........................XV
   3.3. 1º Passo – Leitura dos enunciados das provas anteriores XV
   3.4. 2º Passo – Reconhecimento das leis XVI
   3.5. 3º Passo – Estudo holístico dos exercícios práticos (questões discursivas)........XVI
   3.6. 4º Passo – Estudo holístico das peças práticas (peças prático-profissionais) XVII
   3.7. 5º Passo – Verificar o que faltou XVII
   3.8. Dicas finais para resolver os problemas... XVIII
   3.9. Dicas finais para o dia da prova XVIII

EXERCÍCIOS PRÁTICOS 3

1. DEFINIÇÃO DE TRIBUTO E ESPÉCIES TRIBUTÁRIAS 3
2. COMPETÊNCIA TRIBUTÁRIA E IMUNIDADES...15
3. PRINCÍPIOS...17
4. LEGISLAÇÃO TRIBUTÁRIA, VIGÊNCIA, APLICAÇÃO, INTERPRETAÇÃO E INTEGRAÇÃO............28
5. FATO GERADOR, OBRIGAÇÃO, CRÉDITO E LANÇAMENTO TRIBUTÁRIO.......................34
6. SUJEIÇÃO PASSIVA – CAPACIDADE 36
7. SUSPENSÃO, EXTINÇÃO E EXCLUSÃO DO CRÉDITO TRIBUTÁRIO...........................46
8. IMPOSTOS EM ESPÉCIE..50
9. ADMINISTRAÇÃO TRIBUTÁRIA, FISCALIZAÇÃO, INSCRIÇÃO, CERTIDÕES, GARANTIAS E PRIVILÉGIOS DO CRÉDITO TRIBUTÁRIO, DIREITOS DOS CONTRIBUINTES 57
10. AÇÕES TRIBUTÁRIAS...63

VIII

PEÇAS PRÁTICO-PROFISSIONAIS 67

1. INTRODUÇÃO 67
   - 1.1. Principais peças exigidas no Exame da OAB 68
   - 1.2. Competência jurisdicional 69
   - 1.3. Autoridade impetrada no Mandado de Segurança 71
   - 1.4. Requisitos da Petição inicial 71
   - 1.5. Recursos 72
   - 1.6. Jamais inventar dados – jamais identificar a peça 73
   - 1.7. Fundamentação – silogismo 73

2. PEÇAS PRÁTICO-PROFISSIONAIS 74
   - Modelo: Petição inicial de ação de repetição de indébito 76
   - Modelo: Embargos à execução fiscal 81
   - Modelo: Petição inicial de ação de repetição de indébito 87
   - Modelo: Embargos à execução fiscal 92
   - Modelo: Mandado de segurança 97
   - Modelo: Agravo Interno 102
   - Modelo: Agravo de Instrumento 107
   - Modelo: Apelação 112

3. OUTROS MODELOS 120
   - 3.1. Modelo: Petição inicial de ação declaratória de inexistência de obrigação, com declaração incidental de inconstitucionalidade 120
   - 3.2. Modelo: Petição inicial de ação anulatória, cumulada com pedido de emissão de certidão negativa 123
   - 3.3. Modelo: Petição inicial de ação de consignação em pagamento 126
   - 3.4. Modelo: Contestação 128
   - 3.5. Modelo: Recurso Extraordinário 130
   - 3.6. Modelo: Recurso Especial 134
   - 3.7. Modelo: Recurso Ordinário Constitucional 139
   - 3.8. Modelo: Execução fiscal 142
   - 3.9. Modelo: Medida cautelar fiscal 143

ORIENTAÇÕES AO EXAMINANDO

1. Provimentos CFOAB 144/2011, 156/2013 e 174/2016: o Novo Exame de Ordem

O Conselho Federal da Ordem dos Advogados do Brasil (OAB), publicou em novembro de 2013 o Provimento 156/2013 que alterou o Provimento 144/2011, estabelecendo as normas e diretrizes do Exame de Ordem. Confira o texto integral do provimento, com as alterações dadas pelos provimentos 167/2015 e 172 e 174/2016:

PROVIMENTO Nº 144, de 13 de junho de 2011, com as alterações dada pelos Provimentos 156/2013 e 174/2016.
Dispõe sobre o Exame de Ordem.

O CONSELHO FEDERAL DA ORDEM DOS ADVOGADOS DO BRASIL, no uso das atribuições que lhe são conferidas pelos arts. 8º, § 1º, e 54, V, da Lei n. 8.906, de 4 de julho de 1994 – Estatuto da Advocacia e da OAB, tendo em vista o decidido nos autos da Proposição n. 2011.19.02371-02, resolve:

CAPÍTULO I

DO EXAME DE ORDEM

Art. 1º O Exame de Ordem é preparado e realizado pelo Conselho Federal da Ordem dos Advogados do Brasil – CFOAB, mediante delegação dos Conselhos Seccionais. § 1º A preparação e a realização do Exame de Ordem poderão ser total ou parcialmente terceirizadas, ficando a cargo do CFOAB sua coordenação e fiscalização.

§ 2º Serão realizados 03 (três) Exames de Ordem por ano.

CAPÍTULO II

DA COORDENAÇÃO NACIONAL DE EXAME DE ORDEM

Art. 2º É criada a Coordenação Nacional de Exame de Ordem, competindo-lhe organizar o Exame de Ordem, elaborar-lhe o edital e zelar por sua boa aplicação, acompanhando e supervisionando todas as etapas de sua preparação e realização. (NR. Ver Provimento n. 156/2013)

Art. 2º-A. A Coordenação Nacional de Exame de Ordem será designada pela Diretoria do Conselho Federal e será composta por:

I – 03 (três) Conselheiros Federais da OAB;

II – 03 (três) Presidentes de Conselhos Seccionais da OAB;

III – 01 (um) membro da Escola Nacional da Advocacia;

IV – 01 (um) membro da Comissão Nacional de Exame de Ordem;

V – 01 (um) membro da Comissão Nacional de Educação Jurídica;

PRÁTICA TRIBUTÁRIA – 4ª EDIÇÃO

VI – 02 (dois) Presidentes de Comissão de Estágio e Exame de Ordem de Conselhos Seccionais da OAB.
Parágrafo único. A Coordenação Nacional de Exame de Ordem contará com ao menos 02 (dois) membros por região do País e será presidida por um dos seus membros, por designação da Diretoria do Conselho Federal. (NR. Ver Provimento n.50/2013)

CAPÍTULO III
DA COMISSÃO NACIONAL DE EXAME DE ORDEM, DA COMISSÃO NACIONAL DE EDUCAÇÃO JURÍDICA, DO COLÉGIO DE PRESIDENTES DE COMISSÕES DE ESTÁGIO E EXAME DE ORDEM E DAS COMISSÕES DE ESTÁGIO E EXAME DE ORDEM

Art. 3º À Comissão Nacional de Exame de Ordem e à Comissão Nacional de Educação Jurídica compete atuar como órgãos consultivos e de assessoramento da Diretoria do CFOAB.

Art. 4º Ao Colégio de Presidentes de Comissões de Estágio e Exame de Ordem compete atuar como órgão consultivo e de assessoramento da Coordenação Nacional de Exame de Ordem.

Art. 5º Às Comissões de Estágio e Exame de Ordem dos Conselhos Seccionais compete fiscalizar a aplicação da prova e verificar o preenchimento dos requisitos exigidos dos examinandos quando dos pedidos de inscrição, assim como difundir as diretrizes e defender a necessidade do Exame de Ordem.

CAPÍTULO IV
DOS EXAMINANDOS

Art. 6º A aprovação no Exame de Ordem é requisito necessário para a inscrição nos quadros da OAB como advogado, nos termos do art. 8º, IV, da Lei 8.906/1994.

§ 1º Ficam dispensados do Exame de Ordem os postulantes oriundos da Magistratura e do Ministério Público e os bacharéis alcançados pelo art. 7º da Resolução n. 02/1994, da Diretoria do CFOAB. (NR. Ver Provimento n. 167/2015).

§ 2º Ficam dispensados do Exame de Ordem, igualmente, os advogados públicos aprovados em concurso público de provas e títulos realizado com a efetiva participação da OAB até a data da publicação do Provimento n. 174/2016-CFOAB. (NR. Ver Provimento n. 174/2016).

§ 3º Os advogados enquadrados no § 2º do presente artigo terão o prazo de 06 (seis) meses, contados a partir da data da publicação do Provimento n. 174/2016-CFOAB, para regularização de suas inscrições perante a Ordem dos Advogados do Brasil. (NR. Ver Provimento n. 174/2016)

Art. 7º O Exame de Ordem é prestado por bacharel em Direito, ainda que pendente sua colação de grau, formado em instituição regularmente credenciada.

§ 1º É facultado ao bacharel em Direito que detenha cargo ou exerça função incompatível com a advocacia prestar o Exame de Ordem, ainda que vedada a sua inscrição na OAB.

§ 2º Poderá prestar o Exame de Ordem o portador de diploma estrangeiro que tenha sido revalidado na forma prevista no art. 48, § 2º, da Lei n. 9.394, de 20 de dezembro de 1996.

§ 3º Poderão prestar o Exame de Ordem os estudantes de Direito dos últimos dois semestres ou do último ano do curso. (NR. Ver Provimento n. 156/2013)

CAPÍTULO V
DA BANCA EXAMINADORA E DA BANCA RECURSAL

Art. 8º A Banca Examinadora da OAB será designada pelo Coordenador Nacional do Exame de Ordem.
Parágrafo único. Compete à Banca Examinadora elaborar o Exame de Ordem ou atuar em conjunto com a pessoa jurídica contratada para a preparação, realização e correção das provas, bem como homologar os respectivos gabaritos. (NR. Ver Provimento n. 156/2013)

Art. 9º À Banca Recursal da OAB, designada pelo Coordenador Nacional do Exame de Ordem, compete decidir a respeito de recursos acerca de nulidade de questões, impugnação de gabaritos e pedidos de revisão de notas, em decisões de caráter irrecorrível, na forma do disposto em edital. (NR. Ver Provimento n. 156/2013)

§ 1º É vedada, no mesmo certame, a participação de membro da Banca Examinadora na Banca Recursal.

§ 2º Aos Conselhos Seccionais da OAB são vedadas a correção e a revisão das provas.

§ 3º Apenas o interessado inscrito no certame ou seu advogado regularmente constituído poderá apresentar impugnações e recursos sobre o Exame de Ordem. (NR. Ver Provimento n. 156/2013)

Art. 10. Serão publicados os nomes e nomes sociais daqueles que integram as Bancas Examinadora e Recursal designadas, bem como os dos coordenadores da pessoa jurídica contratada, mediante forma de divulgação definida pela Coordenação Nacional do Exame de Ordem. (NR. Ver Provimento n. 172/2016)

§ 1º A publicação dos nomes referidos neste artigo ocorrerá até 05 (cinco) dias antes da efetiva aplicação das provas da primeira e da segunda fases. (NR. Ver Provimento n. 156/2013)

§ 2º É vedada a participação de professores de cursos preparatórios para Exame de Ordem, bem como de parentes de examinandos, até o quarto grau, na Coordenação Nacional, na Banca Examinadora e na Banca Recursal. (NR. Ver Provimento n. 156/2013)

CAPÍTULO VI
DAS PROVAS

Art. 11. O Exame de Ordem, conforme estabelecido no edital do certame, será composto de 02 (duas) provas:

I – prova objetiva, sem consulta, de caráter eliminatório;

II – prova prático-profissional, permitida, exclusivamente, a consulta a legislação, súmulas, enunciados, orientações jurisprudenciais e precedentes normativos sem qualquer anotação ou comentário, na área de opção do examinando, composta de 02 (duas) partes distintas;

a) redação de peça profissional;

b) questões práticas, sob a forma de situações-problema.

§ 1º A prova objetiva conterá no máximo 80 (oitenta) questões de múltipla escolha, sendo exigido o mínimo de 50% (cinquenta por cento) de acertos para habilitação à prova prático-profissional, vedado o aproveitamento do resultado nos exames seguintes.

§ 2º Será considerado aprovado o examinando que obtiver, na prova prático-profissional, nota igual ou superior a 06 (seis) inteiros, vedado o arredondamento.

§ 3º Ao examinando que não lograr aprovação na prova prático-profissional será facultado computar o resultado obtido na prova objetiva apenas quando se submeter ao Exame de Ordem imediatamente subsequente. O valor da taxa devida, em tal hipótese, será definido em edital, atendendo a essa peculiaridade. (NR. Ver Provimento n. 156/2013)

§ 4º O conteúdo das provas do Exame de Ordem contemplará as disciplinas do Eixo de Formação Profissional, de Direitos Humanos, do Estatuto da Advocacia e da OAB e seu Regulamento Geral e do Código de Ética e Disciplina, podendo contemplar disciplinas do Eixo de Formação Fundamental. (NR. Ver Provimento n. 156/2013)

§ 5º A prova objetiva conterá, no mínimo, 15% (quinze por cento) de questões versando sobre Estatuto da Advocacia e seu Regulamento Geral, Código de Ética e Disciplina, Filosofia do Direito e Direitos Humanos. (NR. Ver Provimento n. 156/2013)

CAPÍTULO VII
DAS DISPOSIÇÕES FINAIS

Art. 12. O examinando prestará o Exame de Ordem no Conselho Seccional da OAB da unidade federativa na qual concluiu o curso de graduação em Direito ou na sede do seu domicílio eleitoral.

Parágrafo único. Uma vez acolhido requerimento fundamentado, dirigido à Comissão de Estágio e Exame de Ordem do Conselho Seccional de origem, o examinando poderá realizar as provas em localidade distinta daquela estabelecida no *caput*.

Art. 13. A aprovação no Exame de Ordem será declarada pelo CFOAB, cabendo aos Conselhos Seccionais a expedição dos respectivos certificados.

§ 1º O certificado de aprovação possui eficácia por tempo indeterminado e validade em todo o território nacional.

§ 2º O examinando aprovado somente poderá receber seu certificado de aprovação no Conselho Seccional onde prestou o Exame de Ordem, pessoalmente ou por procuração.

§ 3º É vedada a divulgação de nomes e notas de examinados não aprovados.

Art. 14. Fica revogado o Provimento n. 136, de 19 de outubro de 2009, do Conselho Federal da Ordem dos Advogados do Brasil.

Art. 15. Este Provimento entra em vigor na data de sua publicação, revogadas as disposições em contrário.

Ophir Cavalcante Junior
Presidente
Marcus Vinicius Furtado Coêlho
Conselheiro Federal – Relator

2. Pontos a serem destacados no edital do exame

2.1. Materiais/procedimentos permitidos e proibidos

O Edital do Exame Unificado da OAB vem adotando as seguintes regras em relação aos materiais:

MATERIAL/PROCEDIMENTOS PERMITIDOS

- Legislação não comentada, não anotada e não comparada.
- Códigos, inclusive os organizados que não possuam índices temáticos estruturando roteiros de peças processuais, remissão doutrinária, jurisprudência, informativos dos tribunais ou quaisquer comentários, anotações ou comparações.
- Leis de Introdução dos Códigos.
- Instruções Normativas.
- Índice remissivo.
- Exposição de Motivos.
- Súmulas.
- Enunciados.
- Orientações Jurisprudenciais.
- Regimento Interno.
- Resoluções dos Tribunais.
- Simples utilização de marca-texto, traço ou simples remissão a artigos ou a lei.
- Separação de códigos por clipes e/ou por cores, providenciada pelo próprio examinando, sem nenhum tipo de anotação manuscrita ou impressa nos recursos utilizados para fazer a separação.
- Utilização de separadores de códigos fabricados por editoras ou outras instituições ligadas ao mercado gráfico, desde que com impressão que contenha simples remissão a ramos do Direito ou a leis.

Observação: As remissões a artigo ou lei são permitidas apenas para referenciar assuntos isolados. Quando for verificado pelo fiscal advogado que o examinando se utilizou de tal expediente com o intuito de burlar as regras de consulta previstas neste edital, formulando palavras, textos ou quaisquer outros métodos que articulem a estrutura de uma peça jurídica, o uso do material será impedido, sem prejuízo das demais sanções cabíveis ao examinando.

MATERIAL/PROCEDIMENTOS PROIBIDOS

Códigos comentados, anotados, comparados ou com organização de índices temáticos estruturando roteiros de peças processuais.

Jurisprudências.

Anotações pessoais ou transcrições.

Cópias reprográficas (xerox).

Utilização de marca-texto, traços, post-its ou remissões a artigos ou a lei de forma a estruturar roteiros de peças processuais e/ou anotações pessoais.

Impressos da Internet.

Informativos de Tribunais.

Livros de Doutrina, revistas, apostilas, calendários e anotações.

Dicionários ou qualquer outro material de consulta.

Legislação comentada, anotada ou comparada.

Súmulas, Enunciados e Orientações Jurisprudenciais comentados, anotados ou comparados.

Quando possível, a critério do fiscal advogado e dos representantes da Seccional da OAB presentes no local, poderá haver o isolamento dos conteúdos proibidos, seja por grampo, fita adesiva, destacamento ou qualquer outro meio. Caso, contudo, seja constatado que a obra possui trechos proibidos de forma aleatória ou partes tais que inviabilizem o procedimento de isolamento retromencionado, o examinando poderá ter seu material recolhido pela fiscalização, sendo impedido seu uso.

Os materiais que possuírem conteúdo proibido não poderão ser utilizados durante a prova prático-profissional, sendo garantida ao fiscal advogado a autonomia de requisitar os materiais de consulta para nova vistoria minuciosa durante todo o tempo de realização do Exame.

O examinando que, durante a aplicação das provas, estiver portando e/ou utilizando material proibido, ou se utilizar de qualquer expediente que vise burlar as regras deste edital, especialmente as concernentes aos materiais de consulta, terá suas provas anuladas e será automaticamente eliminado do Exame.

Por fim, é importante que o examinando leia sempre o edital publicado, pois tais regras podem sofrer algumas alterações a cada exame.

2.2. Legislação nova e legislação revogada

Segundo o edital do exame, "legislação com entrada em vigor após a data de publicação deste edital, bem como alterações em dispositivos legais e normativos a ele posteriores não serão objeto de avaliação nas provas do Exame de Ordem".

Repare que há dois marcos: a) data da entrada em vigor da lei (não é a data da publicação da lei, mas a data em que esta entra em vigor); b) data da publicação do edital.

Portanto, atente para esse fato quando for estudar.

2.3. Critérios de correção

Quando você estiver redigindo qualquer questão, seja um exercício prático (questão discursiva), seja uma peça prático-profissional (peça), lembre-se de que serão levados em conta, para os dois casos, os seguintes critérios previstos no Edital:

a) adequação das respostas ao problema apresentado;
   - peça inadequada (inepta, procedimento errado): nota zero;
   - resposta incoerente ou ausência de texto: nota zero;
b) vedação de identificação do candidato;
   - o caderno de textos definitivos não poderá ser assinado, rubricado ou conter qualquer palavra ou marca que o identifique em outro local que não o apropriado (capa do caderno), sob pena de ser anulado;
c) prova deve ser manuscrita, em letra legível, com caneta esferográfica de tinta azul ou preta;
   - letra ilegível: nota zero;
d) respeito à extensão máxima;
   - 150 linhas na peça processual / 30 linhas em cada questão;
   - fragmento de texto fora do limite: será desconsiderado;
e) respeito à ordem de transcrição das respostas;

PRÁTICA TRIBUTÁRIA – 4ª EDIÇÃO

f) caso a prova exija assinatura, deve-se usar:
ADVOGADO...
- Penas para o desrespeito aos itens "e" e "f": nota zero;
g) nas peças/questões, examinando deve incluir todos dados necessários, sem identificação e com o nome do dado seguido de <u>reticências</u>:
- Ex: Município..., Data..., OAB...;
- Omissão de dados: descontos na pontuação;

Por outro lado, apesar de não previstos textualmente no edital, temos percebido que a examinadora tem adotando, também, os seguintes critérios:
a) objetividade;
- as respostas devem ser claras, com frases e parágrafo curtos, e sempre na ordem direta;
b) organização;
- as respostas devem ter começo, meio e fim; um tema por parágrafo; e divisão em tópicos (na peça processual);
c) coesão textual;
- um parágrafo deve ter ligação com o outro; assim, há de se usar os conectivos (dessa forma, entretanto, assim, todavia...);
d) correção gramatical;
- troque palavras que você não conheça, por palavras que você conheça;
- leia o texto que você escreveu;
e) quantidade de fundamentos;
- Cite a premissa maior (lei), a premissa menor (fato concreto) e chegue a uma conclusão (subsunção do caso à norma e sua aplicação);
- Traga o maior número de fundamentos pertinentes; há questões que valem 1,25 pontos, sendo 0,25 para cada fundamento trazido; o examinando que fundamenta sua resposta num ponto só acaba por tirar nota 0,25 numa questão desse tipo;
- Tempestade de ideias; criatividade; qualidade + quantidade;
f) indicação do nome do instituto jurídico aplicável e/ou do princípio aplicável;
g) indicação do dispositivo legal aplicável;
- Ex: para cada fundamento usando pelo examinando, é NECESSÁRIO citar o dispositivo legal em que se encontra esse fundamento, sob pena de perder até 0,5 ponto, a depender do caso;
h) indicação do entendimento doutrinário aplicável;
i) indicação do entendimento jurisprudencial aplicável;
j) indicação das técnicas interpretativas;
- Ex: interpretação sistemática, teleológica etc.

3. Dicas de como estudar

3.1. Tenha calma

Em primeiro lugar, é preciso ter bastante calma. Quem está para fazer a 2ª fase do Exame de Ordem já está, literalmente, com meio caminho andado.

A diferença é que, agora, você não terá mais que saber uma série de informações sobre as mais de quinze principais disciplinas do Direito cobradas na 1ª fase. Agora você fará uma prova delimitada, na qual aparecem questões sobre um universo muito menor que o da 1ª fase.

Além disso, há a possibilidade de consultar a legislação no momento da prova. Ah, mas antes era possível consultar qualquer livro, você diria. Pois é. Mas isso deixava muitos examinandos perdidos. Primeiro porque não sabiam o que comprar, o que levar e isso gerava estresse, além de um estrago orçamentário. Segundo porque, na hora da prova, eram tantos livros, tantas informações, que não se sabia o que fazer, por onde atacar, o que levava a uma enorme perda de tempo, comprometendo o bom desempenho no exame. E mais, o examinando deixava de fazer o mais importante, que é conhecer e usar a lei. Vi muitas provas em que o examinando só fazia citações doutrinárias, provas essas que, se tivessem feito menção às palavras-chave (aos institutos jurídicos pertinentes) e aos dispositivos legais mencionados no Padrão de Resposta da examinadora, fariam com que o examinando fosse aprovado. Mas a preocupação em arrumar a melhor citação era tão grande que se deixava de lado o mais importante, que é a lei e os consequentes fundamentos jurídicos.

Ademais, caso não o examinando não lograr aprovação na prova prático-profissional terá a faculdade de reaproveitar o resultado da prova objetiva, para fins de realização da prova prático -profissional do Exame imediatamente subsequente.

Então, fica a lembrança de que você fará um exame com temas delimitados e com a possibilidade, ainda, de contar com o apoio da lei na formulação de suas respostas, e esses são fatores muito positivos, que devem te dar tranquilidade. Aliás, você já é uma pessoa de valor, um vencedor, pois não anda fácil ser aprovado na 1ª, e você conseguiu isso.

3.2. Tenha em mãos todos os instrumentos de estudo e treinamento

Uma vez acalmado o ânimo, é hora de separar os materiais de estudo e de treinamento.

Você vai precisar dos seguintes materiais:

a) todos os exercícios práticos de provas anteriores do Exame Unificado da OAB (**contidos neste livro)**;

b) todas as peças práticas de provas anteriores da Exame Unificado da OAB (**contidas neste livro)**;

c) resolução teórica e prática de todos os exercícios e peças mencionadas (**contida neste livro)**;

d) todos os informativos com os principais julgamentos dos Tribunais Superiores do último ano (**contidos neste livro)**;

e) todas as súmulas da sua área de concentração (**contidas neste livro)**;

f) explicação teórica e modelo das principais peças processuais da sua área de concentração (**contidos neste livro)**;

g) doutrina de qualidade sobre o direito material e o direito processual de sua área de escolha; nesse sentido recomendamos o livro "Super-Revisão OAB: Doutrina Completa", da Editora Foco (www.editorafoco.com.br); você também pode usar outros livros de apoio, podendo ser um livro que você já tenha da sua área.

h) *Vade mecum* ou coletâneas de legislação, além de leis impressas que não estiverem no livro de legislação que tiver adquirido.

3.3. 1º Passo – Leitura dos enunciados das provas anteriores

A primeira providência que deve tomar é ler todos os exercícios e todas as peças já cobradas pelo Exame Unificado da OAB. Nesse primeiro momento não leia as resoluções teóricas dessas questões.

Repito: leia apenas os **enunciados** dos exercícios e das peças práticas. A ideia é que você tenha um "choque de realidade", usando uma linguagem mais forte. Numa linguagem mais adequada,

PRÁTICA TRIBUTÁRIA – 4ª EDIÇÃO

eu diria que você, ao ler os enunciados das questões da 2ª fase, ficará **ambientado com o tipo de prova** e também ficará com as **"antenas" ligadas sobre o tipo de estudo** que fará das peças, da jurisprudência e da doutrina.

3.4. 2º Passo – Reconhecimento das leis

Logo após a leitura dos enunciados das questões das provas anteriores, **separe** o livro de legislação que vai usar e todas as leis que serão necessárias para levar no exame e **faça um bom reconhecimento** desse material.

Quando chegar o dia da prova, você deverá estar bem íntimo desse material. A ideia, aqui, não é ler cada artigo da lei, mas sim conhecer as leis materiais e processuais pertinentes, atentando-se para seus capítulos e suas temáticas. Leia o sumário dos códigos. Leia o nome dos capítulos e seções das leis que não estão dentro de um código. Procure saber como é dividida cada lei. Coloque marcações nas principais leis. Dê uma olhada no índice remissivo dos códigos e procure se ambientar com ele.

Os dois primeiros passos devem durar, no máximo, um dia estudo.

3.5. 3º Passo – Estudo holístico dos exercícios práticos (questões discursivas)

Você deve ter reparado que as questões discursivas presentes neste livro estão classificadas por temas de direito material e de direito processual.

Deve ter reparado também que as súmulas e os informativos de jurisprudência deste livro estão separados por temas de direito material e de direito processual.

E você deve lembrar que é fundamental ter à sua disposição, além das questões e da jurisprudência que estão no livro, um bom livro de doutrina de sua área e uma coletânea de leis.

Muito bem. Agora sua tarefa é fazer cada questão discursiva (não é a *peça prática*; trata-se do *exercício prático*), uma a uma.

Primeiro leia o enunciado da questão e tente fazê-lo sozinho, como se estivesse no dia da prova. Use apenas a legislação. E não se esqueça de utilizar os **índices**!!!

Antes de fazer cada questão, é muito importante coletar todas as informações que você tem sobre o tema e que conseguiu extrair da lei.

Num primeiro momento, seu trabalho vai ser de "tempestade de ideias". Anote no rascunho tudo que for útil para desenvolver a questão, tais como dispositivos legais, princípios, entendimentos doutrinários que conhecer, entendimentos jurisprudenciais, técnicas interpretativas que pode citar etc.

Depois da tempestade de ideias, agrupe os pontos que levantou, para que sejam tratados de forma ordenada, e crie um esqueleto de resposta. Não é para fazer um rascunho da resposta e depois copiá-lo. A ideia é que faça apenas um esqueleto, um esquema para que, quando estiver escrevendo a resposta, você o faça de modo bem organizado e não esqueça ponto algum.

Quando terminar de escrever uma resposta (e somente depois disso), leia a resolução da questão que está no livro e anote no papel onde escreveu sua resposta **o que faltou nela**. Anote os fundamentos que faltaram e também a eventual falta de organização de ideias e eventuais outras falhas que identificar. Nesse momento, tenha autocrítica. A ideia é você cometer cada vez menos erros a cada exercício. Depois de ler a resolução da questão presente neste livro, deverá buscar na legislação cada lei citada em nosso comentário. Leia os dispositivos citados por nós e aproveite também para conferir os dispositivos legais que têm conexão com o assunto.

Em seguida, pegue seu livro de doutrina de referência e leia o capítulo referente àquela temática.

Por fim, você deve ler todas as súmulas e precedentes jurisprudenciais referentes àquela temática, que estão devidamente classificados neste livro.

Faça isso com todas as questões discursivas (*exercícios práticos*). E anote nos livros (neste livro e no livro de doutrina de referência) tudo o que você já tiver lido. Com essa providência você já estará se preparando tanto para os *exercícios práticos* como para a *peça prática, só* não estará estudando os modelos de peça.

Ao final desse terceiro passo seu *raciocínio jurídico* estará bastante apurado, com um bom *treinamento da escrita* e também com um bom conhecimento da *lei*, da *doutrina* e da *jurisprudência*.

3.6. 4º Passo – Estudo holístico das peças práticas (peças prático-profissionais)

Sua tarefa, agora, é resolver todas as peças práticas que já apareceram no Exame Unificado da OAB.

Primeiro leia o enunciado do problema que pede a realização da peça prática e tente fazê-la sozinho, como se estivesse fazendo a prova. Mais uma vez use apenas a legislação. Não se esqueça de fazer a "tempestade de ideias" e o esqueleto.

Terminado o exercício, você vai ler a resolução da questão e o modelo da peça trazido no livro e anotará no papel onde escreveu sua resposta o que faltou nela. Anote os fundamentos que faltaram, a eventual falta de organização de ideias, dentre outras falhas que perceber. Lembre-se da importância da autocrítica.

Agora você deve buscar na legislação cada lei citada no comentário trazido neste livro. Leia os dispositivos citados e aproveite, mais uma vez, para ler os dispositivos legais que têm conexão com o assunto.

Em seguida, leia a jurisprudência que consta do presente livro e o livro de doutrina de sua confiança, com o objetivo de rememorar os temas que apareceram naquela peça prática, tanto na parte de direito material, como na parte de direito processual.

Faça isso com todas as peças práticas. E continue anotando nos livros tudo o que já tiver lido.

Ao final desse terceiro passo você sairá com o *raciocínio jurídico* ainda mais apurado, com uma melhora substancial na *sua escrita* e também com ótimo conhecimento da *lei*, da *doutrina* e da *jurisprudência*.

3.7. 5º Passo – Verificar o que faltou

Sua tarefa, agora, é verificar o que faltou. Leia os temas doutrinários que ainda não foram lidos, por não terem relação alguma com as questões resolvidas neste livro. Confira também as súmulas e os informativos de jurisprudência que restaram. Se você fizer a marcação do que foi e do que não foi lido, não haverá problema em identificar o que está faltando. Faça a marcação com um lápis. Poder ser um "x" ao lado de cada precedente jurisprudencial lido e, quanto ao livro de doutrina, faça um "x" nos temas que estão no índice do livro. Nos temas mais importantes pode fazer um "x" e um círculo. Isso permitirá que você faça uma leitura dinâmica mais perto da prova, apenas para relembrar esses pontos.

Leia também as demais peças processuais que se encontram no livro e reserve o tempo restante para pesquisa de jurisprudência de anos anteriores e treinamento, muito treinamento. Para isso, reescreva as peças que já fez até chegar ao ponto em que sentir que pegou o jeito.

3.8. Dicas finais para resolver os problemas

Em resumo, recomendamos que você resolva as questões e as peças no dia da prova usando as seguintes técnicas:

a) leia o enunciado pelo menos duas vezes, a primeira para ter ideia do todo e a segunda para anotar os detalhes;

b) anote as informações, perguntas e solicitações feitas no enunciado da questão;

- Ex: qual é o vício? / fundamente / indique o dispositivo legal;

c) busque a resposta nas leis relacionadas;

d) promova uma tempestade de ideias e ANOTE TUDO o que for relacionado;

- Ex: leis, princípios, doutrina, jurisprudência, fundamentos, exemplos etc;

e) agrupe as ideias e crie um esqueleto de resposta, respondendo às perguntas e solicitações feitas;

f) redija;

g) revise o texto, buscando erros gramaticais.

3.9. Dicas finais para o dia da prova

Por fim, lembre-se que você está na reta final para a sua prova. Falta pouco. Avise aos familiares e amigos que neste último mês de preparação você estará um pouco mais ausente. Peça ajuda nesse sentido. E lembre-se também de que seu esforço será recompensado.

No dia da prova, tome os seguintes cuidados:

a) chegue com muita antecedência;

- o Edital costuma determinar o comparecimento com antecedência mínima de uma 1 hora e 30 minutos do horário de início;

b) leve mais de uma caneta permitida;

- a caneta deve ser azul ou preta, fabricada em material transparente;

- não será permitido o uso de borracha e corretivo;

c) leve comprovante de inscrição + documento original de identidade, com foto;

d) leve água e chocolate;

e) se ficar nervoso: se você for religioso, faça uma oração antes de iniciar a prova; outra providência muito boa, havendo ou não religiosidade, é você fazer várias respirações profundas, de olhos fechados. Trata-se de uma técnica milenar para acalmar e concentrar. Além disso, antes de ir para a prova, escute suas músicas preferidas, pois isso acalma a dá um ânimo bom.

No mais, tenha bastante foco, disciplina, perseverança e fé!

Tenho certeza de que tudo dará certo.

Wander Garcia
Coordenador da Coleção

Prática Tributária

Robinson Barreirinhas

EXERCÍCIOS PRÁTICOS

1. DEFINIÇÃO DE TRIBUTO E ESPÉCIES TRIBUTÁRIAS

(OAB- XXIII Exame Unificado) O Município Beta instituiu, por meio de lei municipal, uma taxa de limpeza cujo fato gerador é, exclusivamente, o serviço público de coleta, remoção e tratamento de lixo domiciliar de imóveis no município. A lei também determinou a utilização da área do imóvel como base de cálculo da taxa.

Diante desse quadro fático, responda aos itens a seguir.

A) O fato gerador da taxa determinado pela lei municipal violou a Constituição da República? (Valor: 0,65)

B) A base de cálculo adotada pelo Município Beta violou a regra constitucional de que taxas não podem ter base de cálculo própria de impostos? (Valor: 0,60)

Obs.: o examinando deve fundamentar suas respostas. A mera citação do dispositivo legal não confere pontuação.

GABARITO COMENTADO – FGV

A) Não. A taxa cobrada exclusivamente em razão dos serviços públicos de coleta, remoção e tratamento ou destinação de lixo proveniente de imóveis não viola o Art. 145, inciso II, da CRFB/88, por possuírem tais serviços caráter específico e divisível, conforme a Súmula Vinculante 19 do STF.

B) Não. É constitucional a adoção, no cálculo do valor de taxa, de um ou mais elementos da base de cálculo própria de determinado imposto, desde que não haja integral identidade entre uma base e outra, conforme a Súmula Vinculante 29 do STF.

PRÁTICA TRIBUTÁRIA – 4ª EDIÇÃO

Distribuição dos pontos

ITEM	PONTUAÇÃO
A. Não, pois a taxa tem como fato gerador serviços específicos e divisíveis (0,55), conforme o Art. 145, inciso II, da CRFB/88 **OU** a Súmula Vinculante nº 19 do STF (0,10).	0,00/0,55/0,65
B. Não. A adoção de um ou mais elementos da base de cálculo própria de impostos na composição da base de cálculo de taxa é constitucional, desde que não haja integral identidade entre uma base e outra (0,50), conforme a Súmula Vinculante nº 29 do STF (0,10).	0,00/0,50/0,60

COMENTÁRIOS DO AUTOR

Quando se fala em taxa, o aluno deve consultar imediatamente os dispositivos básicos, que deverão ser citados expressamente em sua resposta: art. 145, II, da CF e um ou alguns dos artigos do CTN que tratam do assunto (art. 77 e seguintes do Código):

CF – Art. 145. A União, os Estados, o Distrito Federal e os Municípios poderão instituir os seguintes tributos:

(...)

II – taxas, em razão do exercício do poder de polícia ou pela utilização, efetiva ou potencial, de serviços públicos específicos e divisíveis, prestados ao contribuinte ou postos a sua disposição;

(...)

§ 2º As taxas não poderão ter base de cálculo própria de impostos.

CTN – Art. 77. As taxas cobradas pela União, pelos Estados, pelo Distrito Federal ou pelos Municípios, no âmbito de suas respectivas atribuições, têm como fato gerador o exercício regular do poder de polícia, ou a utilização, efetiva ou potencial, de serviço público específico e divisível, prestado ao contribuinte ou posto à sua disposição.

Parágrafo único. A taxa não pode ter base de cálculo ou fato gerador idênticos aos que correspondam a imposto nem ser calculada em função do capital das empresas.

A leitura desses dispositivos deixa claro que há apenas duas espécies de taxa: aquelas cujo fato gerador é o exercício do poder de polícia e aquelas cujo fato gerador é a utilização, efetiva ou potencial, de serviços públicos específicos e divisíveis.

Vemos que a questão se refere à segunda espécie (taxa por prestação de serviço público).

O próximo passo é verificar se o serviço é específico e divisível, o seja, se é prestado *uti singuli*, não *uti universi*, nos termos do art. 79, II e III, do CTN (consulte o dispositivo!).

De fato, o serviço de coleta de lixo é o exemplo clássico de serviço *uti singuli*, que dá ensejo à cobrança de taxa, conforme a Súmula Vinculante 19/STF, que deve ser citada (não esqueça de indicar todos os dispositivos constitucionais, legais e sumulares aplicáveis em sua resposta!):

Súmula Vinculante 19/STF. A taxa cobrada exclusivamente em razão dos serviços públicos de coleta, remoção e tratamento ou destinação de lixo ou resíduos provenientes de imóveis não viola o artigo 145, II, da Constituição Federal.

Quanto à base de cálculo, o art. 145, § 2º, da CF e o art. 77, parágrafo único, do CTN, já indicam a resposta ao item "B" da questão, resolvido conclusivamente pela Súmula Vinculante 29/STF:

Súmula Vinculante 29/STF. É constitucional a adoção, no cálculo do valor de taxa, de um ou mais elementos da base de cálculo própria de determinado imposto, desde que não haja integral identidade entre uma base e outra.

Assim, a taxa em questão não poderia ter por base de cálculo o valor venal do imóvel, por exemplo, já que isso é base de cálculo de vários impostos (IPTU, ITBI, ITCMD, ITR). Nada impede, entretanto, que a taxa adote como base de cálculo a área do imóvel, que não é base de cálculo de qualquer imposto (embora seja elemento necessário para cálculo do valor venal).

Finalmente, não se esqueça de indicar expressamente na sua resposta os itens da questão: "A)" e "B)", como o modelo da FGV, o que é exigido pelo edital do exame.

(OAB- XXI Exame Unificado) Em 01 de novembro de 2016, a União, por meio de lei ordinária, instituiu empréstimo compulsório para custear despesas advindas de uma forte tempestade que assolou a Região Sul do Brasil. Naquele diploma legal, ficou previsto que o empréstimo compulsório passaria a ser exigido já no mês de dezembro de 2016.

Diante de tal quadro, responda aos itens a seguir.

A) No caso em exame, o empréstimo compulsório poderia ter sido instituído por lei ordinária? (Valor: 0,60)

B) Empréstimo compulsório, instituído para o custeio de despesas extraordinárias decorrentes de calamidade pública, pode ser exigido já no mês seguinte à sua instituição? (Valor: 0,65)

Obs.: o examinando deve fundamentar suas respostas. A mera citação do dispositivo legal não confere pontuação.

GABARITO COMENTADO – FGV

A) Não. O empréstimo compulsório só pode ser instituído por meio de lei complementar, conforme o Art. 148, *caput*, da CRFB/88.

B) Sim. Ao empréstimo compulsório instituído por força de calamidade pública não se aplica a vedação inerente ao princípio da anterioridade do exercício financeiro nonagesimal, conforme Art. 150, § 1º, da CRFB/88.

Distribuição dos pontos

	ITEM	PONTUAÇÃO
A.	Não, pois empréstimo compulsório só pode ser instituído por meio de lei complementar (0,50), conforme Art. 148, *caput*, da CRFB/88 (0,10).	0,00 / 0,50 / 0,60
B.	Sim, pois ao empréstimo compulsório instituído por força de calamidade pública não se aplica a vedação inerente ao princípio da anterioridade do exercício financeiro E nonagesimal (0,55), conforme Art. 150, § 1º, da CRFB/88 (0,10).	0,00/ 0,55/0,65

PRÁTICA TRIBUTÁRIA – 4ª EDIÇÃO

Comentários do Autor

Quando se menciona empréstimo compulsório, a primeira coisa a fazer é consultar os dispositivos constitucionais e do CTN que tratam do assunto, e que devem ser citados expressamente na resposta (isso vale ponto!), no caso, o art. 148 da CF e o art. 15 do CTN.

CF – Art. 148. A União, mediante lei complementar, poderá instituir empréstimos compulsórios:
I – para atender a despesas extraordinárias, decorrentes de calamidade pública, de guerra externa ou sua iminência;
II – no caso de investimento público de caráter urgente e de relevante interesse nacional, observado o disposto no art. 150, III, "b".
Parágrafo único. A aplicação dos recursos provenientes de empréstimo compulsório será vinculada à despesa que fundamentou sua instituição.
CTN – Art. 15. Somente a União, nos seguintes casos excepcionais, pode instituir empréstimos compulsórios:
I – guerra externa, ou sua iminência;
II – calamidade pública que exija auxílio federal impossível de atender com os recursos orçamentários disponíveis;
III – conjuntura que exija a absorção temporária de poder aquisitivo.
Parágrafo único. A lei fixará obrigatoriamente o prazo do empréstimo e as condições de seu resgate, observando, no que for aplicável, o disposto nesta Lei.

A leitura nos lembra dos pontos essenciais relativos ao empréstimo compulsório:

- competência exclusiva da União;

- devem ser instituídos por lei complementar;

- somente nas duas hipóteses do art. 148 da CF (o inciso III do art. 15 do CTN não foi recepcionado!);

- no caso do art. 148, II, da CF aplica-se a anterioridade; no caso de despesa extraordinária não se aplica o princípio;

- os recursos arrecadados deverão ser aplicados na despesa que deu ensejo à criação do empréstimo;

- os valores devem ser devolvidos nos termos do art. 15, parágrafo único, do CTN.

Veja, portanto, que a leitura dos dispositivos resolve a questão.

De fato, não seria possível a instituição por lei ordinária ("A").

Ademais, no caso de despesa extraordinária, não se aplica o princípio da anterioridade, o que é confirmado pelo art. 150, § 1º, da CF ("B").

Mais uma vez, não se esqueça de indicar expressamente na sua resposta os itens da questão: "A)" e "B)", como o modelo da FGV.

(OAB- XX Exame Unificado) Certa empresa de produtos químicos recebeu notificação do Município "X" para que pagasse um imposto por ele instituído no ano de 2013. O fato gerador do imposto era o ato de poluir o meio ambiente e a sua base de cálculo era a quantidade de lixo produzida.

Com base em tais fatos, responda aos itens a seguir.

A) Pode o fato gerador de um imposto ser o ato de poluir o meio ambiente? (Valor: 0,60)

B) O Município "X" teria competência constitucional para criar um novo imposto? (Valor: 0,65)

Obs.: o examinando deve fundamentar suas respostas. A mera citação do dispositivo legal não confere pontuação.

GABARITO COMENTADO – FGV

A) A resposta é negativa. De acordo com o Art. 3º do CTN é da essência de um tributo não ter natureza sancionatória.

B) É negativa a resposta. Só a União tem competência para instituir impostos residuais (isto é, impostos não indicados na própria Constituição da República), conforme o Art. 154, inciso I, da CRFB/88.

Distribuição dos pontos

ITEM	PONTUAÇÃO
A. Não, pois o tributo não pode ter a natureza de sanção (0,50), conforme Art. 3º do CTN (0,10).**OU** Não, pois o fato gerador não tem qualquer relação com demonstração de capacidade contributiva (0,50), conforme Art. 145, §1º da CRFB/88 (0,10).	0,00 / 0,50 / 0,60
B. Não, pois a competência residual de criação de impostos, não previstos na Constituição da República, é exclusiva da União (0,55), conforme o Art. 154, I, da CRFB/88 (0,10).	0,00 / 0,55 / 0,65

Comentários do Autor

O examinador pergunta, no item "A", se ato de poluir pode ser fato gerador do tributo (imposto, no caso).

Uma excelente forma de resolver a questão é consultar imediatamente os dispositivos constitucionais e legais que tratam de fato gerador de tributos e impostos. Na Constituição Federal, temos o art. 145, I, e no CTN, o art. 3º define os tributos, em quanto o art. 16 define os impostos:

CF – Art. 145. A União, os Estados, o Distrito Federal e os Municípios poderão instituir os seguintes tributos:

I – impostos;

(...)

§ 1º Sempre que possível, os impostos terão caráter pessoal e serão graduados segundo a capacidade econômica do contribuinte, facultado à administração tributária, especialmente para conferir efetividade a esses objetivos, identificar, respeitados os direitos individuais e nos termos da lei, o patrimônio, os rendimentos e as atividades econômicas do contribuinte.

CTN – Art. 3º Tributo é toda prestação pecuniária compulsória, em moeda ou cujo valor nela se possa exprimir, que não constitua sanção de ato ilícito, instituída em lei e cobrada mediante atividade administrativa plenamente vinculada.

CTN – Art. 16. Imposto é o tributo cuja obrigação tem por fato gerador uma situação independente de qualquer atividade estatal específica, relativa ao contribuinte.

A leitura do art. 3º do CTN nos lembra que o tributo jamais terá por fato gerador um fato ilícito, o que já desqualifica o imposto em questão e resolve o item "A" da pergunta.

Ademais, o art. 145, § 1º, da CF nos lembra que o fato gerador do imposto deve refletir a capacidade econômica do contribuinte, sem se vincular a qualquer atividade estatal específica voltada a ele (art. 16 do CTN). Assim, fato gerador de imposto é ser proprietário de algo, auferir renda, transferir valores, vender ou comprar algo etc.

Quanto à competência para instituir impostos, devemos lembrar que a Constituição Federal é absolutamente taxativa para Estados, Distrito Federal e Municípios. Somente a União detém a chamada competência residual, para criar outros impostos não previstos expressamente na Constituição, conforme seu art. 154, I.

PRÁTICA TRIBUTÁRIA – 4ª EDIÇÃO

(OAB/Exame Unificado – 2015.3 – 2ª fase) O Estado Alfa instituiu duas contribuições mensais compulsórias devidas por todos os seus servidores. A primeira, com alíquota de 10% sobre a remuneração mensal de cada servidor, destina-se ao custeio do regime previdenciário próprio, mantido pelo Estado Alfa. A segunda, no valor equivalente a 1/60 (um sessenta avos) da remuneração mensal de cada servidor, destina-se ao custeio da assistência à saúde do funcionalismo público daquele Estado.

Sobre a situação apresentada, responda, fundamentadamente, aos itens a seguir.

É válida a contribuição compulsória instituída pelo Estado Alfa para o custeio do regime previdenciário próprio de seus servidores? (Valor 0,65)

É válida a contribuição compulsória instituída pelo Estado Alfa para a assistência à saúde de seus servidores? (Valor 0,60)

Obs.: o examinando deve fundamentar suas respostas. A mera citação do dispositivo legal não confere pontuação.

GABARITO COMENTADO

A) Sim, é válida a contribuição. Os Estados podem instituir contribuição para o custeio do regime previdenciário de seus servidores, conforme o Art. 149, § 1º, da CRFB/88.

B) É inconstitucional qualquer outra contribuição compulsória instituída pelos Estados, além daquela exclusivamente voltada ao custeio do regime previdenciário de seus servidores. Portanto, não é válida a contribuição que, no caso proposto, foi instituída pelo Estado Alfa.

DISTRIBUIÇÃO DOS PONTOS

ITEM	PONTUAÇÃO
A. Os Estados podem instituir contribuição para o custeio do regime previdenciário de seus servidores (0,55), conforme o Art. 149, § 1º, da CRFB/88 (0,10).OU Os Estados podem instituir contribuição para o custeio do regime previdenciário de seus servidores, entretanto a alíquota não pode ser inferior à da contribuição dos servidores titulares de cargos efetivos da União (0,55), conforme o Art. 149, § 1º, da CRFB/88 (0,10).	0,00 / 0,55 / 0,65
B. É inconstitucional qualquer outra contribuição compulsória instituída pelos Estados, além daquela exclusivamente voltada ao custeio do regime previdenciário de seus servidores. Portanto, não é válida a contribuição que, no caso proposto, foi instituída pelo Estado Alfa (0,50), conforme o Art. 149, da CRFB/88 (0,10).	0,00 / 0,50/ 0,60

Comentários do Autor

O dispositivo constitucional que trata da contribuição previdenciária dos servidores públicos para o regime próprio, que deve ser consultado e indicado expressamente na resposta, é o art. 149, § 1º, da CF:

CF – Art. 149. (...)

§ 1º Os Estados, o Distrito Federal e os Municípios instituirão contribuição, cobrada de seus servidores, para o custeio, em benefício destes, do regime previdenciário de que trata o art. 40, cuja alíquota não será inferior à da contribuição dos servidores titulares de cargos efetivos da União.

(...)

Note, portanto, que embora a competência para instituir contribuições em geral seja exclusiva da União (*caput* do art. 149), no caso das contribuições para o regime previdenciário próprio dos servidores, a competência é dos respectivos entes políticos.

Ademais, veja que o art. 149, § 1º, da CF é impositivo: os Estados, o Distrito Federal e os Municípios devem instituir a contribuição.

Muito importante, há um limite mínimo de alíquota, que é de 11%, exatamente o percentual cobrado dos servidores federais. Recentemente houve fixação de uma segunda alíquota, de 14%, para valores superiores ao limite máximo dos benefícios do Regime Geral de Previdência Social – RGPS, de modo que o estudante deve acompanhar atentamente os desdobramentos da discussão em torno da MP 805/2017, que alterou o art. 4º da Lei 10.887/2004.

Assim, em resposta ao primeiro item da questão, os Estados não só podem como devem instituir a contribuição dos servidores para o regime previdenciário próprio. Entretanto, a alíquota de 10% é insuficiente, aquém do mínimo fixado pelo art. 149, § 1º, da CF.

Quanto ao segundo item, caso o estudante consulte a redação original do art. 149, § 1º, da CF, notará que previa contribuição dos entes federados para o sistema de previdência e também de assistência social. A redação atual, dada pela EC 41/2003, restringe essas contribuições ao sistema de previdência, o que não inclui assistência social, nem, tampouco, saúde.

Assim, considera-se inconstitucional a contribuição de Estados para custear a assistência à saúde de seus servidores, como reconhecido pela jurisprudência:

> O acórdão recorrido está em sintonia com o entendimento do Supremo Tribunal Federal no sentido de que as contribuições previdenciárias para custeio de serviços de assistência médica, hospitalar, odontológica, social e farmacêutica não podem ser instituídos de forma compulsória pelo Estado--Membro por lhe faltar competência constitucional para tanto. (...)
>
> (ARE 656632 AgR, Relator(a): Min. Luiz Fux, Primeira Turma, julgado em 11/12/2012, Acórdão Eletrônico DJe-025 DIVULG 05-02-2013 public 06-02-2013)

Isso soluciona o segundo item da questão. Lembre-se que os atuais editais do exame de ordem exigem que o candidato indique expressamente o item da questão que está sendo resolvido em sua resposta – "A)", "B)" etc.

(OAB/Exame Unificado – 2015.3 – 2ª fase) A União ajuizou execução fiscal em face de pessoa jurídica ABC, prestadora de serviços de telecomunicações, para cobrança de taxa devida em razão da fiscalização de instalação e manutenção de orelhões, tendo como base de cálculo o valor correspondente a 0,01% da renda da pessoa jurídica. Inconformado com a cobrança, a contribuinte, certa de que seu pleito será bem-sucedido, pretende apresentar embargos à execução, sem o oferecimento de garantia, com base no Art. 739-A do CPC.

Tendo em vista o caso em questão, responda aos itens a seguir.

A) É possível a instituição da base de cálculo no valor correspondente a 0,01% da renda da pessoa jurídica para a taxa em questão? (Valor: 0,65)

B) É possível, segundo a legislação específica, a apresentação de embargos à execução fiscal sem o oferecimento de garantia, conforme pretendido pelo contribuinte? (Valor: 0,60)

Obs.: o examinando deve fundamentar suas respostas. A mera citação do dispositivo legal não confere pontuação.

GABARITO COMENTADO

A) Não é possível a instituição da base de cálculo no valor correspondente a 0,01% da renda da pessoa jurídica para a taxa em questão, uma vez que a taxa não pode ter base de cálculo ou fato gerador idênticos aos que correspondam a imposto, conforme determinam o Art. 145, § 2º, da CRFB/88 e o Art. 77, parágrafo único, do CTN.

B) Não é possível a apresentação de embargos em execução fiscal sem o oferecimento de garantia, conforme pretendido pelo contribuinte, pois em sede de execução fiscal aplica-se o Art. 16, § 1º, da Lei nº 6.830/80, de acordo com o qual não são admissíveis embargos do executado antes de garantida a execução.

DISTRIBUIÇÃO DOS PONTOS

ITEM	PONTUAÇÃO
A. Não, uma vez que a taxa não pode ter base de cálculo própria de impostos (0,55), nos termos do Art. 145, § 2º, da CRFB/88 OU do Art. 77, parágrafo único, do CTN (0,10).	0,00 / 0,55 / 0,65
B. Não, pois não são admissíveis embargos do executado antes de garantida a execução (0,50), conforme o Art. 16, § 1º, da Lei nº 6.830/80 (0,10).	0,00 / 0,50 / 0,60

Comentários do Autor

Quando se fala em taxa, o aluno deve de imediato consultar os dispositivos básicos, que deverão ser citados expressamente em sua resposta: art. 145, II, da CF e um ou alguns dos artigos do CTN que tratam do assunto (art. 77 e seguintes do Código):

CF – Art. 145. A União, os Estados, o Distrito Federal e os Municípios poderão instituir os seguintes tributos:

(...)

II – taxas, em razão do exercício do poder de polícia ou pela utilização, efetiva ou potencial, de serviços públicos específicos e divisíveis, prestados ao contribuinte ou postos a sua disposição;

(...)

§ 2º As taxas não poderão ter base de cálculo própria de impostos.

CTN – Art. 77. As taxas cobradas pela União, pelos Estados, pelo Distrito Federal ou pelos Municípios, no âmbito de suas respectivas atribuições, têm como fato gerador o exercício regular do poder de polícia, ou a utilização, efetiva ou potencial, de serviço público específico e divisível, prestado ao contribuinte ou posto à sua disposição.

Parágrafo único. A taxa não pode ter base de cálculo ou fato gerador idênticos aos que correspondam a imposto nem ser calculada em função do capital das empresas.

A leitura lembra o candidato de que há apenas duas espécies de taxa: aquelas cujo fato gerador é o exercício do poder de polícia e aquelas cujo fato gerador é a utilização, efetiva ou potencial, de serviços públicos específicos e divisíveis.

A base de cálculo deve sempre quantificar o fato gerador do respectivo tributo.

No caso da taxa de fiscalização, o valor cobrado pelo poder público (e, portanto, sua base de cálculo) deve refletir o custo dessa atividade fiscalizatória.

A renda da pessoa jurídica, base de cálculo indicada na questão, não tem relação, evidentemente, com o custo da fiscalização do orelhão, daí porque é inconstitucional.

Nesse sentido, o § 2º do art. 145 da CF e o parágrafo único do art. 77 do CTN proíbem expressamente que a taxa tenha base de cálculo própria de imposto (a base de cálculo da taxa deve ser própria de taxa, ou seja, refletir seu fato gerador).

Os embargos à execução são previstos na Lei 6.830/1980, que regula a execução fiscal. O estudante deve consultar essa lei e indicar expressamente o dispositivo aplicável em sua resposta:

Art. 16. O executado oferecerá embargos, no prazo de 30 (trinta) dias, contados:

I – do depósito;

II – da juntada da prova da fiança bancária ou do seguro garantia;

III – da intimação da penhora.

§ 1º Não são admissíveis embargos do executado antes de garantida a execução.

§ 2º No prazo dos embargos, o executado deverá alegar toda matéria útil à defesa, requerer provas e juntar aos autos os documentos e rol de testemunhas, até três, ou, a critério do juiz, até o dobro desse limite.

§ 3º Não será admitida reconvenção, nem compensação, e as exceções, salvo as de suspeição, incompetência e impedimentos, serão arguidas como matéria preliminar e serão processadas e julgadas com os embargos.

A simples leitura do dispositivo resolve a questão, já que o § 1º expressamente exige a garantia da execução como pressuposto para os embargos.

Houve certa discussão a respeito, com o advento do atual CPC, mas a jurisprudência manteve o entendimento pela necessidade da garantia como pressuposto para os embargos em execução fiscal:

6. Em atenção ao princípio da especialidade da LEF, mantido com a reforma do CPC/73, a nova redação do art. 736, do CPC dada pela Lei n. 11.382/2006 – artigo que dispensa a garantia como condicionante dos embargos – não se aplica às execuções fiscais diante da presença de dispositivo específico, qual seja o art. 16, §1º da Lei n. 6.830/80, que exige expressamente a garantia para a apresentação dos embargos à execução fiscal.

(...)

9. Recurso especial provido. Acórdão submetido ao regime do art.

543-C, do CPC, e da Resolução STJ n. 8/2008.

(REsp 1272827/PE, Rel. Ministro Mauro Campbell Marques, Primeira Seção, julgado em 22/05/2013, DJe 31/05/2013)

Isso soluciona o item "B" da questão.

(OAB/Exame Unificado – 2015.2 – 2ª fase) O Estado X instituiu, em 2010, por meio de lei, taxa pelo serviço de prevenção e extinção de incêndio prestado ou colocado à disposição do contribuinte. A referida lei definiu o contribuinte como o proprietário de unidade imobiliária, residencial ou não residencial, à qual o serviço estaria dirigido, bem como determinou que o valor da taxa seria calculado com base no tamanho da unidade imobiliária. Nada se dispôs na lei sobre eventuais responsáveis tributários pelo pagamento da taxa.

João, na qualidade de proprietário, aluga, desde 2011, seu imóvel, situado no referido Estado X, para Pedro. No contrato de locação celebrado entre as partes, o qual foi devidamente registrado no Registro de Imóveis, estabeleceu-se, em uma das cláusulas, que a responsabilidade pelo pagamento da taxa de prevenção e extinção de incêndio seria exclusivamente de Pedro, isentando João de qualquer obrigação sobre ela.

Tendo em vista o exposto, responda aos itens a seguir.

PRÁTICA TRIBUTÁRIA – 4ª EDIÇÃO

A) É constitucional o cálculo do valor da taxa de prevenção e extinção de incêndio tendo como parâmetro um dos elementos que compõem a base de cálculo do Imposto sobre a Propriedade Predial e Territorial Urbana – IPTU? (Valor: 0,65)

B) Considerando que nem João nem Pedro recolheram a taxa de prevenção e extinção de incêndio relativas aos exercícios de 2012 e 2013, bem como o que consta no contrato de locação celebrado entre eles e registrado no Registro de Imóveis, em face de quem o Estado X deve efetuar a cobrança dos exercícios não pagos? (Valor: 0,60)

Obs.: o examinando deve fundamentar suas respostas. A mera citação do dispositivo legal não confere pontuação.

GABARITO COMENTADO

A) Sim, é constitucional o cálculo do valor da taxa de prevenção e extinção de incêndio tendo como parâmetro um dos elementos que compõem a base de cálculo do imposto sobre a propriedade predial e territorial urbana – IPTU. Embora o Art. 145, § 2°, da Constituição da República e o Art. 77, parágrafo único, do CTN, estabeleçam que as taxas não poderão ter base de cálculo própria de impostos, o Supremo Tribunal Federal, por meio da Súmula Vinculante n° 29, já consolidou o entendimento de que não viola os referidos dispositivos a adoção, no cálculo do valor da taxa, de um ou mais elementos da base de cálculo própria de determinado imposto, desde que não haja integral identidade entre uma base e outra.

B) O Estado X deve efetuar a cobrança da taxa de prevenção e extinção de incêndio, relativa aos exercícios de 2012 e de 2013, diretamente de João, proprietário do imóvel, por ser ele o contribuinte do tributo, conforme disposto na lei estadual. No caso, é irrelevante para a Fazenda Estadual a cláusula constante no contrato de locação celebrado entre as partes, que atribui a responsabilidade pelo pagamento da taxa de prevenção e extinção de incêndio exclusivamente a Pedro, locatário do imóvel, ainda que o referido contrato tenha sido registrado no Registro de Imóveis, tendo em vista que, nos termos do Art. 123 do CTN, salvo disposição de lei em contrário, as convenções particulares, relativas à responsabilidade pelo pagamento de tributos, não podem ser opostas à Fazenda Pública para modificar a definição legal do sujeito passivo das obrigações tributárias correspondentes.

DISTRIBUIÇÃO DOS PONTOS

ITEM	PONTUAÇÃO
A. Sim, é constitucional pois o Supremo Tribunal Federal já consolidou o entendimento de que não viola a Constituição a adoção, no cálculo do valor da taxa, de um ou mais elementos da base de cálculo própria de determinado imposto, desde que não haja integral identidade entre uma base e outra (0,55), conforme entendimento consolidado na Súmula Vinculante n° 29 (0,10).	0,00/0,55/0,65
B. O Estado "X" deve efetuar a cobrança da taxa de João, proprietário do imóvel, por ser ele o contribuinte do tributo, conforme disposto na lei estadual (0,30), pois, salvo disposição legal em contrário, as convenções particulares, relativas à responsabilidade pelo pagamento de tributos, não podem ser opostas à Fazenda Pública (0,20), nos termos do Art. 123 do CTN (0,10).	0,00/0,20/0,30/ 0,40/0,50/0,60

Comentários do Autor

Essa questão é bastante interessante, porque não toca em um ponto que salta aos olhos: essa taxa é claramente inconstitucional. Há diversos precedentes jurisprudenciais, inclusive, a respeito desse tipo de tributo.

De fato, os serviços de prevenção e combate a incêndios são indivisíveis, prestados *uti universi*, o que impede a cobrança de taxa, nos termos do art. 145, II, da CF e art. 77 do CTN.

Ocorre que o examinador não questiona isso, de modo que o estudante deve atentar para o que está sendo perguntado.

No item "A" da questão, pergunta-se se é válida a adoção do tamanho da unidade imobiliária como base de cálculo da taxa.

Interpretando o § 2º, do art. 145 da CF e o parágrafo único do art. 77 do CTN, o STF pacificou essa tormentosa discussão por meio da Súmula Vinculante 29:

> É constitucional a adoção, no cálculo do valor de taxa, de um ou mais elementos da base de cálculo própria de determinado imposto, desde que não haja integral identidade entre uma base e outra.

Assim, a taxa em questão não poderia ter por base de cálculo o valor venal do imóvel, por exemplo, já que isso é base de cálculo de vários impostos (IPTU, ITBI, ITCMD, ITR). Nada impede, entretanto, que a taxa adote como base de cálculo o tamanho do imóvel, que não é base de cálculo de qualquer imposto (embora seja elemento necessário para cálculo do valor venal).

Isso soluciona o item "A".

Quanto ao item "B" da questão, o sujeito passivo é sempre aquele indicado na lei. Somente a lei fixa sujeição passiva. Por essa razão, não há como, em regra, acordo entre particulares alterar a sujeição passiva. É isso que dispõe o art. 123 do CTN, que deve ser expressamente indicado na resposta:

> Art. 123. Salvo disposições de lei em contrário, as convenções particulares, relativas à responsabilidade pelo pagamento de tributos, não podem ser opostas à Fazenda Pública, para modificar a definição legal do sujeito passivo das obrigações tributárias correspondentes.

Lembre-se de usar a terminologia do próprio CTN e da Súmula em sua resposta, esgotando completamente o assunto.

(OAB/Exame Unificado – 2015.1 – 2ª fase) O Município XYZ resolveu instituir, por meio de lei específica, um tributo que tem como fato gerador a valorização imobiliária decorrente de obra realizada pelo Estado Alfa em seu território, sendo o contribuinte o proprietário do imóvel valorizado e a base de cálculo, independentemente da valorização experimentada por cada imóvel, o custo da obra estatal.

Sobre a hipótese descrita, responda aos itens a seguir.

A) Qual seria a espécie tributária que o Município XYZ pretendeu instituir? Aponte o dispositivo constitucional aplicável. (Valor: 0,45)

B) Na hipótese descrita, o Município XYZ é competente para instituir tal tributo? (Valor: 0,40)

C) A base de cálculo do tributo está correta? (Valor: 0,40)

Obs.: responda justificadamente, empregando os argumentos jurídicos apropriados e a fundamentação legal pertinente ao caso.

PRÁTICA TRIBUTÁRIA – 4ª EDIÇÃO

GABARITO COMENTADO

A) A espécie tributária que o Município XYZ pretendeu instituir foi a contribuição de melhoria, tributo que tem como fato gerador a valorização de imóvel decorrente de obra pública, conforme previsto no Art. 145, III, da CF/88.

B) Não. Apesar de a Constituição Federal outorgar a todos os entes federativos a competência para a instituição da contribuição de melhoria, tal tributo só pode ser instituído pelo ente que realizou a obra pública, no caso o Estado Alfa.

C) Não. A base de cálculo da contribuição de melhoria deve considerar a valorização do imóvel beneficiado pela obra pública e não os custos da obra, conforme previsto no Art. 81 do CTN e/ou Art. 3º do Decreto Lei nº 195/67. O valor da obra serve apenas como o limite a ser arrecadado pelo ente tributante com a contribuição de melhoria.

DISTRIBUIÇÃO DOS PONTOS

ITEM	PONTUAÇÃO
A. Trata-se de contribuição de melhoria (0,35), prevista no Art. 145, III, da CF/88 (0,10). *Obs.: a mera citação do dispositivo legal não será pontuada.*	0,00/0,35/0,45
B. Não. A contribuição de melhoria deve ser instituída pelo ente que realizou a obra pública (0,30), conforme previsto no Art. 145, III, da CF/88 e/ou no Art. 3º do Decreto Lei nº 195/67 (0,10). *Obs.: a mera citação do dispositivo legal não será pontuada.*	0,00/0,30/0,40
C. Não, a base de cálculo da contribuição de melhoria é a efetiva valorização do imóvel e não os custos da obra (0,30), conforme previsto no Art. 81, do CTN, e/ou no Art. 3º do Decreto Lei nº 195/67 (0,10). Obs.: a mera citação do dispositivo legal não será pontuada.	0,00/0,30/0,40

Comentários do Autor

O tributo que tem por fato gerador a valorização imobiliária decorrente de obra pública é a contribuição de melhoria.

A primeira coisa a fazer é ler e citar os dispositivos constitucionais e legais que regulam a exação, o que já soluciona o item "A" da questão:

CF – Art. 145. A União, os Estados, o Distrito Federal e os Municípios poderão instituir os seguintes tributos:

(...)

III – contribuição de melhoria, decorrente de obras públicas.

(...)

CTN – Art. 81. A contribuição de melhoria cobrada pela União, pelos Estados, pelo Distrito Federal ou pelos Municípios, no âmbito de suas respectivas atribuições, é instituída para fazer face ao custo de obras públicas de que decorra valorização imobiliária, tendo como limite total a despesa realizada e como limite individual o acréscimo de valor que da obra resultar para cada imóvel beneficiado.

DL 195/1967 – Art. 1º A Contribuição de Melhoria, prevista na Constituição Federal tem como fato gerador o acréscimo do valor do imóvel localizado nas áreas beneficiadas direta ou indiretamente por obras públicas.

A função desse tributo é arrecadatória (fiscal), para que o ente político que realizou a obra seja ressarcido, ainda que parcialmente, por aqueles que tiveram benefício direto pela valorização imobiliária.

Não teria sentido, portanto, que o Município cobre contribuição de melhoria por obra do Estado Alfa. Somente o Estado é que poderia instituir o tributo. Apesar de isso decorrer da própria natureza constitucional do tributo, o art. 3º do DL 195/1967 é expresso:

> Art. 3º A Contribuição de Melhoria a ser exigida pela União, Estado, Distrito Federal e Municípios para fazer face ao custo das obras públicas, será cobrada pela Unidade Administrativa que as realizar, adotando-se como critério o benefício resultante da obra, calculado através de índices cadastrais das respectivas zonas de influência, a serem fixados em regulamentação deste Decreto-lei.

Isso soluciona o item "B" da questão.

Quanto ao último item, o art. 81 do CTN e o art. 3º da DL deixam claro que o valor cobrado é limitado à valorização imobiliária percebida por cada contribuinte, ou seja, essa é a base de cálculo da contribuição, jamais o custo da obra.

A adoção do custo da obra implicaria, muito provavelmente, efeito confiscatório, dada a incongruência entre a base de cálculo e o fato gerador do tributo, o que é inconstitucional.

2. COMPETÊNCIA TRIBUTÁRIA E IMUNIDADES

(OAB- XXII Exame Unificado) A União publicou lei ordinária estabelecendo regime jurídico único de arrecadação dos tributos da União, dos Estados, do Distrito Federal e dos Municípios para microempresas e empresas de pequeno porte, e determinando a adesão obrigatória dos contribuintes que se enquadrassem nos requisitos legalmente previstos.

Ao tomar conhecimento dessa nova lei, a pessoa jurídica B, microempresa, decidiu questionar a obrigatoriedade de sua adesão ao novo regime de recolhimento de tributos, bem como a imposição de tal adesão por lei ordinária.

Considerando os fatos narrados acima, responda aos itens a seguir.

A) A obrigatoriedade de adesão da pessoa jurídica B ao novo regime jurídico instituído pela lei ordinária é constitucional? (Valor: 0,65)

B) É possível o estabelecimento das novas regras por meio de lei ordinária? (Valor: 0,60)

Obs.: o examinando deve fundamentar suas respostas. A mera citação do dispositivo legal não confere pontuação.

GABARITO COMENTADO – FGV

A) A obrigatoriedade de adesão ao novo regime é inconstitucional, pois, de acordo com o Art. 146, parágrafo único, inciso I, da CRFB/88, o regime jurídico único de arrecadação dos impostos e contribuições da União, Estados, Distrito Federal e Municípios é opcional para o contribuinte.

B) Não é possível o estabelecimento das novas regras por meio de lei ordinária, uma vez que cabe à lei complementar definir tratamento diferenciado e favorecido para as microempresas e empresas de pequeno porte, conforme o Artigo 146, inciso III, alínea d, da CRFB/88 OU Art. 146, parágrafo único, da CRFB/88.

PRÁTICA TRIBUTÁRIA – 4ª EDIÇÃO

Distribuição dos pontos

ITEM	PONTUAÇÃO
A. Não, pois o regime jurídico único de arrecadação dos impostos e contribuições da União, Estados, Distrito Federal e Municípios é opcional para o contribuinte (0,55), conforme o Art. 146, parágrafo único, inciso I, da CRFB/88 (0,10).	0,00/0,55/0,65
B. Não, pois cabe à lei complementar definir tratamento diferenciado e favorecido para as microempresas e empresas de pequeno porte (0,50), conforme o Art. 146, inciso III, alínea *d*, da CRFB/88 **OU** o Art. 146, parágrafo único, da CRFB/88 (0,10).	0,00/0,50/0,60

Comentários do Autor

Quando nos referimos ao regime jurídico único de arrecadação dos tributos de todos os entes federados, pensamos no Simples Nacional.

A primeira coisa a fazer é buscar na CF o dispositivo que trata do assunto – CF – art. 146, III, *d*, e parágrafo único:

> CF – Art. 146. Cabe à lei complementar:
>
> (...)
>
> III – estabelecer normas gerais em matéria de legislação tributária, especialmente sobre:
>
> (...)
>
> *d)* definição de tratamento diferenciado e favorecido para as microempresas e para as empresas de pequeno porte, inclusive regimes especiais ou simplificados no caso do imposto previsto no art. 155, II, das contribuições previstas no art. 195, I e §§ 12 e 13, e da contribuição a que se refere o art. 239.
>
> Parágrafo único. A lei complementar de que trata o inciso III, d, também poderá instituir um regime único de arrecadação dos impostos e contribuições da União, dos Estados, do Distrito Federal e dos Municípios, observado que:
>
> I – será opcional para o contribuinte;
>
> II – poderão ser estabelecidas condições de enquadramento diferenciadas por Estado;
>
> III – o recolhimento será unificado e centralizado e a distribuição da parcela de recursos pertencentes aos respectivos entes federados será imediata, vedada qualquer retenção ou condicionamento;
>
> IV – a arrecadação, a fiscalização e a cobrança poderão ser compartilhadas pelos entes federados, adotado cadastro nacional único de contribuintes.

É também ter interessante ter à mão a LC 123/2006, que é exatamente a lei complementar a que se refere o art. 146, parágrafo único, da CF e que regula o Simples Nacional.

Entretanto, no caso desta questão, o art. 146 da CF resolve o problema.

De fato, o regime único será opcional para o contribuinte, jamais impositivo, conforme o art. 146, parágrafo único, I, da CF (item "A" – não esqueça de indicar expressamente na resposta!).

Como visto, somente lei complementar federal pode instituir e regular o regime único de arrecadação (item "B").

Mais uma vez, a leitura atenta do dispositivo constitucional é a chave para a resposta!

3. PRINCÍPIOS

(OAB- XXIII Exame Unificado) Em 12 de novembro de 2016, o Estado "X" publicou lei para modificar, para além da inflação, a tabela que estabelece os valores venais de veículos - base de cálculo do Imposto Sobre a Propriedade de Veículos Automotores (IPVA). O fato gerador do tributo, naquela unidade da Federação, ocorre em 1º de janeiro de cada ano. Em janeiro de 2017, a autoridade administrativa efetuou o lançamento do tributo, já com base nos valores modificados.

Diante de tal quadro, responda aos itens a seguir.

A) O Estado "X" pode realizar o lançamento do IPVA, em janeiro de 2017, já com a nova base de cálculo instituída em novembro de 2016? (Valor: 0,60)

B) Se a nova lei, publicada em 12 de novembro de 2016, aumentasse a alíquota incidente sobre a base de cálculo, a majoração passaria a ser exigível para os fatos geradores ocorridos a partir de qual exercício (inclusive)? (Valor: 0,65)

Obs.: o examinando deve fundamentar suas respostas. A mera citação do dispositivo legal não confere pontuação.

GABARITO COMENTADO – FGV

A) Sim. A fixação da base de cálculo do IPVA é uma exceção ao princípio da anterioridade nonagesimal, conforme o Art. 150, inciso III, alínea c, e o Art. 150, § 1º, ambos da CRFB/88. Desse modo, a autoridade administrativa pode realizar a cobrança do IPVA de 2017 já com base na nova tabela de valores. Ressalta-se, ainda, que a fixação da base de cálculo do IPVA não é exceção ao princípio da anterioridade do exercício. Desse modo, como a nova lei foi editada em 2016, não há problema em realizar a cobrança pelos novos valores no ano seguinte.

B) A majoração passaria a ser exigível para os fatos geradores ocorridos a partir de janeiro de 2018 (ou do exercício de 2018 e seguintes), pois a alteração da alíquota do IPVA deve observar o princípio da anterioridade nonagesimal, conforme o Art. 150, inciso III, alínea c, da CRFB/88. Desse modo, a majoração da alíquota promovida em novembro de 2016 somente passaria a ser aplicável a partir de fevereiro de 2017, após a ocorrência do fato gerador do IPVA de 2017.

Distribuição dos pontos

ITEM	PONTUAÇÃO
A.1. Sim, pois a fixação da base de cálculo do IPVA é uma exceção ao princípio da anterioridade nonagesimal (0,30), conforme Art. 150, § 1º, da CRFB/88 (0,10).	0,00/0,30/0,40
A.2. E observou a anterioridade do exercício (0,10), conforme o disposto no Art. 150, inciso III, alínea b, da CRFB/88 (0,10).	0,00/0,10/0,20
B. A majoração passaria a ser exigível para os fatos geradores ocorridos a partir de janeiro de 2018 (**OU** a partir do exercício de 2018) (0,30), pois a alteração da alíquota do IPVA deve observar o princípio da anterioridade nonagesimal (0,25), conforme o Art. 150, inciso III, alínea c, da CRFB/88 (0,10).	0,00/0,25/0,30/0,35/ 0,40/0,55/0,65

PRÁTICA TRIBUTÁRIA – 4ª EDIÇÃO

Comentários do Autor

Quando nos referimos a aumento de tributo, lembramos imediatamente do princípio da legalidade (a rigor, para instituição, redução, majoração ou extinção é preciso lei – art. 97, I e II, do CTN) e do princípio da anterioridade.

Nos termos do art. 150, I, da CF e art. 9º, I, do CTN, não é possível majorar tributo sem lei, lembrando que a simples correção monetária (não é aumento real) pode ser feita por norma infralegal – art. 97, § 2º, do CTN e Súmula 160/STJ. Nessa questão, entretanto, não se discute a legalidade, mas sim a anterioridade.

O princípio da anterioridade se desdobra na anterioridade anual (ou de exercício), e na anterioridade nonagesimal (ou noventena), sendo essencial consultar e citar expressamente os dispositivos que regem a matéria: art. 150, III, b e c, da CF, além de seu § 1º, que trata das exceções:

> Art. 150. Sem prejuízo de outras garantias asseguradas ao contribuinte, é vedado à União, aos Estados, ao Distrito Federal e aos Municípios:
>
> (...)
>
> III – cobrar tributos:
>
> (...)
>
> b) no mesmo exercício financeiro em que haja sido publicada a lei que os instituiu ou aumentou;
>
> c) antes de decorridos noventa dias da data em que haja sido publicada a lei que os instituiu ou aumentou, observado o disposto na alínea b;
>
> (...)
>
> § 1º A vedação do inciso III, b, não se aplica aos tributos previstos nos arts. 148, I, 153, I, II, IV e V; e 154, II; e a vedação do inciso III, c, não se aplica aos tributos previstos nos arts. 148, I, 153, I, II, III e V; e 154, II, nem à fixação da base de cálculo dos impostos previstos nos arts. 155, III, e 156, I.
>
> (...)

Veja a seguinte tabela, para memorização das exceções à anterioridade anual e à nonagesimal:

Exceções à anterioridade anual (art. 150, III, b, da CF)	Exceções à anterioridade nonagesimal (art. 150, III, c, da CF)
– empréstimo compulsório para atender a despesas extraordinárias decorrentes de calamidade pública ou de guerra externa ou sua iminência (art. 148, I, in fine, da CF, em sentido contrário);	– empréstimo compulsório para atender a despesas extraordinárias decorrentes de calamidade pública ou de guerra externa ou sua iminência (art. 148, I, in fine, da CF, em sentido contrário – entendimento doutrinário);
– imposto de importação (art. 150, § 1º, da CF);	– imposto de importação (art. 150, § 1º, da CF);
– imposto de exportação (art. 150, § 1º, da CF);	– imposto de exportação (art. 150, § 1º, da CF);
– IPI (art. 150, § 1º, da CF);	– IR (art. 150, § 1º, da CF);
– IOF (art. 150, § 1º, da CF);	– IOF (art. 150, § 1º, da CF);
– impostos extraordinários na iminência ou no caso de guerra externa (art. 150, § 1º, da CF);	– impostos extraordinários na iminência ou no caso de guerra externa (art. 150, § 1º, da CF);
– restabelecimento das alíquotas do ICMS sobre combustíveis e lubrificantes (art. 155, § 4º, IV, c, da CF);	– fixação da base de cálculo do IPVA (art. 150, § 1º, da CF);
– restabelecimento da alíquota da CIDE sobre combustíveis (art. 177, § 4º, I, b, da CF);	– fixação da base de cálculo do IPTU (art. 150, § 1º, da CF);
– contribuições sociais (art. 195, § 6º, da CF).	

Respondendo o item "A" da questão, o aumento da base de cálculo do IPVA não se sujeita à anterioridade nonagesimal, podendo ser exigido já a partir de 1º de janeiro do exercício seguinte ao da publicação da lei.

Quanto ao item "B" (não esqueça de indicar expressamente o item que está sendo respondido no exame!), não há exceção para majoração de alíquota, de modo que esse aumento somente é exigível no exercício seguinte, após 90 dias da publicação da lei, a data que for posterior.

Lembre-se que a anterioridade anual e a nonagesimal são aplicadas simultaneamente, adotando-se a data que for posterior (noventa dias após a publicação ou 1º de janeiro do exercício seguinte ao da publicação).

(OAB- XXII Exame Unificado) A pessoa jurídica A realizou a importação de peças para utilização no processo de fabricação de equipamentos eletrônicos. Diante da constatação de que a contribuinte não havia recolhido o Imposto sobre Circulação de Mercadorias e Serviços (ICMS), a liberação das mercadorias importadas foi condicionada ao pagamento do referido tributo, tendo, ainda, sido determinada a interdição do estabelecimento da pessoa jurídica A.

Diante desse panorama, responda aos itens a seguir.

A) A cobrança do ICMS pelo Fisco está correta? (Valor: 0,65)

B) A interdição do estabelecimento realizada pelo Fisco está correta? (Valor: 0,60)

Obs.: o examinando deve fundamentar suas respostas. A mera citação do dispositivo legal não confere pontuação.

GABARITO COMENTADO – FGV

A) O examinando deverá responder que a cobrança está correta, pois é legítima a exigência do ICMS como condição para a liberação das mercadorias importadas, conforme a Súmula Vinculante 48 OU Súmula 661/STF OU Lei Complementar nº 87/96, art. 12, IX OU parágrafo 2º.

B) O examinando deverá responder que a interdição do estabelecimento comercial não está correta, eis que, na forma da Súmula nº 70 do STF, é inadmissível a interdição de estabelecimento como meio coercitivo para cobrança de tributo.

Distribuição dos pontos

ITEM	PONTUAÇÃO
A. Sim. Incide ICMS na entrada de mercadorias importadas (0,15), sendo legítima a	
cobrança do imposto como condição para a sua liberação (0,40), conforme a Súmula	0,00/0,15/0,25/
Vinculante 48 OU Súmula 661/STF OU Lei Complementar nº 87/96, art. 12, IX OU	0,50/0,55/0,65
parágrafo 2º (0,10).	
B. Não, pois é inadmissível a interdição de estabelecimento como meio coercitivo para cobrança de tributo (0,50), conforme a Súmula 70/STF (0,10).	0,00/0,50/0,60

PRÁTICA TRIBUTÁRIA – 4ª EDIÇÃO

Comentários do Autor

Em regra, o fisco não pode utilizar meios indiretos para cobrança do crédito tributário, ou seja, deve utilizar a execução fiscal para isso (além da cautelar fiscal e protesto extrajudicial, também aceitos).

De fato, a autoridade administrativa tem a prerrogativa de lançar o tributo (autuar), inscrever o débito em dívida ativa, emitir unilateralmente o título executivo extrajudicial (certidão da dívida ativa) e cobrá-lo judicialmente na forma privilegiada prevista na Lei 6.830/1980 (execução fiscal).

Não há como, nesse contexto, restringir o direito constitucional de a contribuinte continuar a explorar sua atividade empresarial, nos termos do arts. 1º, IV, e 170, parágrafo único, da CF:

> Art. 1º A República Federativa do Brasil, formada pela união indissolúvel dos Estados e Municípios e do Distrito Federal, constitui-se em Estado Democrático de Direito e tem como fundamentos:
>
> (...)
>
> IV – os valores sociais do trabalho e da **livre-iniciativa**;
>
> (...)
>
> Art. 170, Parágrafo único. É assegurado a todos o **livre exercício de qualquer atividade econômica**, independentemente de autorização de órgãos públicos, salvo nos casos previstos em lei.

Ademais, a cobrança de tributos não pode implicar confisco de mercadorias, nos termos dos arts. 5º, XXII, e 150, IV, da CF:

> Art. 5º, XXII – é garantido o direito de propriedade;
>
> Art. 150. Sem prejuízo de outras garantias asseguradas ao contribuinte, é vedado à União, aos Estados, ao Distrito Federal e aos Municípios:
>
> (...)
>
> IV – utilizar tributo com efeito de confisco;
>
> (...)

Por essas razões, é inconstitucional a ameaça de interdição do estabelecimento e de apreensão de mercadorias, conforme entendimento sumulado do STF:

> Súmula 323/STF. É inadmissível a apreensão de mercadorias como meio coercitivo para pagamento de tributos.
>
> Súmula 70/STF. É inadmissível a interdição de estabelecimentos como meio coercitivo para cobrança de tributo.

A Súmula 70/STF resolve o item "B" da questão.

O estudante deve lembrar, entretanto, que a liberação de mercadorias importadas é uma grande exceção, sendo admitido pelo STF condicionar o desembaraço aduaneiro ao recolhimento dos tributos federais e estaduais incidentes sobre a importação, conforme os precedentes que deram origem à Súmula Vinculante 48/STF:

> Súmula Vinculante 48/STF. Na entrada de mercadoria importada do exterior, é legítima a cobrança do ICMS por ocasião do desembaraço aduaneiro.

Esse entendimento resolve o item "A" da questão.

Não se esqueça de indicar expressamente na sua resposta os itens da questão: "A)" e "B)", como o modelo da FGV.

É interessante que o estudante conheça bem os dispositivos constitucionais e as súmulas do STF e do STJ relacionadas às limitações impostas à autoridade fiscal e aos direitos dos contribuintes. Veja as seguintes tabelas, para estudo e memorização:

Normas constitucionais

Art. 1º, IV	Os valores sociais do trabalho e da livre-iniciativa são fundamentos da República
Art. 5º, XIII, XXII	Liberdade do exercício de trabalho, ofício, profissão
Art. 5º, XXII	Direito à propriedade
Art. 150, IV	Princípio do não confisco
Art. 170, *caput* e parágrafo único	Livre-iniciativa e livre exercício de atividade econômica

Súmulas

547/STF	Não é lícito à autoridade proibir que o contribuinte em débito adquira estampilhas, despache mercadorias nas alfândegas e exerça suas atividades profissionais.
323/STF	É inadmissível a apreensão de mercadorias como meio coercitivo para pagamento de tributos.
70/STF	É inadmissível a interdição de estabelecimentos como meio coercitivo para cobrança de tributo.
373/STJ	É ilegítima a exigência de depósito prévio para admissibilidade de recurso administrativo.
Vinculante 28/STF	É inconstitucional a exigência de depósito prévio como requisito de admissibilidade de ação judicial na qual se pretenda discutir a exigibilidade de crédito tributário.
Vinculante 21/STF	É inconstitucional a exigência de depósito ou arrolamento prévios de dinheiro ou bens para admissibilidade de recurso administrativo.
Vinculante 48/STF	Na entrada de mercadoria importada do exterior, é legítima a cobrança do ICMS por ocasião do desembaraço aduaneiro.

Aproveitamos para lembrar que o fisco não pode, tampouco, apreender documentos que não estejam em local aberto ao público. Assim, caso os registros e livros estejam, por exemplo, no escritório particular do administrador ou no arquivo do contador, é necessária autorização judicial para sua apreensão pelo fisco, pois esses locais são equiparados à "casa", para fins de proteção constitucional, conforme o seguinte precedente do STF:

> Fiscalização tributária – Apreensão de livros contábeis e documentos fiscais realizada, em escritório de contabilidade, por agentes fazendários e policiais federais, sem mandado judicial – Inadmissibilidade – Espaço privado, não aberto ao público, sujeito à proteção constitucional da inviolabilidade domiciliar (CF, art. 5º, XI) – Subsunção ao conceito normativo de "casa" – Necessidade de ordem judicial – Administração pública e fiscalização tributária – Dever de observância, por parte de seus órgãos e agentes, dos limites jurídicos impostos pela Constituição e pelas Leis da república – Impossibilidade de utilização, pelo ministério público, de prova obtida com transgressão à garantia da inviolabilidade domiciliar – Prova ilícita – Inidoneidade jurídica – "Habeas corpus" deferido. Administração tributária – Fiscalização – Poderes – Necessário respeito aos direitos e garantias individuais dos contribuintes e de terceiros.
>
> (...)
>
> A garantia da inviolabilidade domiciliar como limitação constitucional ao poder do estado em tema de fiscalização tributária – Conceito de "casa" para efeito de proteção constitucional – Amplitude dessa noção conceitual, que também compreende os espaços privados não abertos ao público, onde alguém exerce atividade profissional: necessidade, em tal hipótese, de mandado judicial (CF, art. 5º, XI).
>
> (...)
>
> (HC 93.050/RJ, Relator: Min. Celso de Mello, Segunda Turma, j. 10/06/2008, DJe-142)

PRÁTICA TRIBUTÁRIA – 4ª EDIÇÃO

(OAB- XXI Exame Unificado) Em abril de 2016, o Estado X publicou lei disciplinando as custas judiciais, concedendo isenção a todos os servidores do Poder Judiciário.

Sobre a hipótese, responda aos itens a seguir.

A) As custas judiciais estão sujeitas às limitações ao poder de tributar? (Valor: 0,65)

B) É legítima a isenção de custas judiciais concedida aos servidores da justiça? (Valor: 0,60)

Obs.: o examinando deve fundamentar suas respostas. A mera citação do dispositivo legal não confere pontuação.

GABARITO COMENTADO – FGV

A) Sim, as custas judiciais são taxas remuneratórias de serviço público específico e divisível e, como tais, estão sujeitas às limitações constitucionais ao poder de tributar (Art. 150 da CRFB/88: legalidade, isonomia, irretroatividade, anterioridade, etc.).

B) Não. O Art. 150, inciso II, da CRFB/88, reconhece a isonomia como uma limitação ao poder de tributar. O referido artigo é expresso ao proibir "qualquer distinção em razão da ocupação profissional ou função por eles [contribuintes] exercida, independentemente da denominação jurídica dos rendimentos, títulos ou direitos". Portanto, a concessão de benefício fiscal para um determinado grupo, em razão da função por ele exercida, viola o princípio de isonomia.

Distribuição dos pontos

ITEM	PONTUAÇÃO
A. Sim, pois as custas judiciais são taxas remuneratórias de serviço público específico e divisível e, como tais, estão sujeitas às limitações constitucionais ao poder de tributar (0,55), nos termos do Art. 145, inciso II, da CRFB/88 (0,10).	0,00/0,55/0,65
B. Não, pois viola o princípio da isonomia (0,50), nos termos do Art. 150, inciso II, da CRFB/88 (0,10).	0,00/0,50/0,60

Comentários do Autor

A solução do item "A" da questão exige lembrarmos de dois conceitos:

- as custas judiciais são espécie de taxa pela prestação de serviço público, considerando que há compulsoriedade a qualifica-las como tributo (art. 3º do CTN); e

- todos os tributos se submetem aos princípios constitucionais tributários, em especial aqueles listados nos arts. 150 a 152 da CF, na Seção denominada "Das limitações do poder de tributar".

De fato, esses princípios e as imunidades lá descritas são definidas como limitações constitucionais ao poder de tributar.

Ora, sendo as custas tributo, elas se sujeitam a tais limitações.

Quanto ao item "B", quando tratamos de isenção em favor de determinadas pessoas, mesmo para um leigo em relação ao Direito, chama a atenção o tratamento diferenciado, o benefício que pode não parecer justo.

Tecnicamente, isso se refere ao princípio da isonomia.

Uma isenção atende ao princípio da isonomia se o benefício fiscal é concedido para contribuintes com menor capacidade contributiva (esse é o critério básico para análise da igualdade na tributação) ou, excepcionalmente, se há justificativa extrafiscal razoável (desenvolvimento de uma região, por exemplo).

No caso do item "B", a distinção de tratamento em razão da ocupação do contribuinte não tem qualquer justificativa relacionada à capacidade contributiva, nem se vislumbra fundamento extrafiscal razoável.

É por isso que a Constituição foi expressa, ao tratar do princípio da isonomia, afirmando ser inaceitável distinções em razão da ocupação ou função exercida pelo contribuinte:

> CF – Art. 150. Sem prejuízo de outras garantias asseguradas ao contribuinte, é vedado à União, aos Estados, ao Distrito Federal e aos Municípios:
>
> (...)
>
> II – instituir tratamento desigual entre contribuintes que se encontrem em situação equivalente, proibida qualquer distinção em razão de ocupação profissional ou função por eles exercida, independentemente da denominação jurídica dos rendimentos, títulos ou direitos;
>
> (...)

Por essa razão, o benefício fiscal descrito na questão viola o princípio da isonomia e não pode ser admitido.

(OAB- XXI Exame Unificado) O governo federal, com o objetivo de proteger a indústria nacional fabricante de aço, publicou, no ano de 2015, um decreto que aumentava de 15 para 20% a alíquota do imposto sobre a importação de produtos siderúrgicos, atendidas as condições e os limites estabelecidos em lei formal. O decreto previu que o aumento já valeria para aquele mesmo exercício financeiro.

Considerando a hipótese acima, responda aos itens a seguir.

A) A majoração da alíquota do imposto de importação poderia se dar por meio de um ato do Poder Executivo? (Valor: 0,65)

B) O governo federal agiu legalmente ao exigir a alíquota majorada do imposto de importação no mesmo exercício financeiro? (Valor: 0,60)

Obs.: o examinando deve fundamentar suas respostas. A mera citação do dispositivo legal não confere pontuação.

GABARITO COMENTADO – FGV

A) Sim. O Imposto de Importação é exceção ao princípio da legalidade, ou seja, sua alíquota pode ser majorada por meio de ato do Poder Executivo, desde que atendidas às condições e aos limites estabelecidos em lei, conforme dispõe o Art. 153, §1º, da CRFB/88.

B) Sim. Por ser um imposto que tem como função regular o mercado, o Imposto de Importação é exceção ao princípio da anterioridade, podendo ser alterado e cobrado ao tempo conveniente, conforme o Art. 150, § 1º, da CRFB/88.

Distribuição dos pontos

ITEM	PONTUAÇÃO
A. Sim, porque o Imposto de Importação é exceção ao princípio da legalidade (0,55), conforme o Art. 153, § 1º, da CRFB/88 (0,10).	0,00/0,55/0,65
B. Sim, porque o Imposto de Importação é exceção ao princípio da anterioridade (0,50), conforme o Art. 150, § 1º, da CRFB/88 (0,10).	0,00/0,50/0,60

Comentários do Autor

Em regra, qualquer majoração de tributo deve ser veiculada por lei (princípio da legalidade) e somente pode ser exigida no exercício seguinte ao da publicação dessa lei (princípio da anterioridade anual ou de exercício) ou após 90 dias contados dessa publicação (princípio da anterioridade nonagesimal ou noventena), a data que for posterior – art. 150, I e III, *b* e *c*, da CF.

Entretanto, a própria Constituição prevê exceções, tanto para o princípio da legalidade, como para a anterioridade, especialmente no art. 150, § 1º, e no art. 153, § 1º:

Art. 150. (...)

(...)

§ 1º A vedação do inciso III, *b*, não se aplica aos tributos previstos nos arts. 148, I, 153, I, II, IV e V; e 154, II; e a vedação do inciso III, *c*, não se aplica aos tributos previstos nos arts. 148, I, 153, I, II, III e V; e 154, II, nem à fixação da base de cálculo dos impostos previstos nos arts. 155, III, e 156, I.

Art. 153. Compete à União instituir impostos sobre:

I – importação de produtos estrangeiros;

II – exportação, para o exterior, de produtos nacionais ou nacionalizados;

(...)

IV – produtos industrializados;

V – operações de crédito, câmbio e seguro, ou relativas a títulos ou valores mobiliários;

(...)

§ 1º É facultado ao Poder Executivo, atendidas as condições e os limites estabelecidos em lei, alterar as alíquotas dos impostos enumerados nos incisos I, II, IV e V.

Para facilitar a memorização, veja estas tabelas:

Veja esta tabela, para memorização:

Dependem de lei – art. 97 do CTN	Não dependem de lei
– a instituição de tributos, ou a sua extinção; – a majoração de tributos, ou sua redução (exceção: alteração das alíquotas do II, IE, IPI, IOF e da CIDE sobre combustíveis). Equipara-se à majoração do tributo a modificação da sua base de cálculo, que importe em torná-lo mais oneroso. Não constitui majoração de tributo a atualização do valor monetário da respectiva base de cálculo; – a definição do fato gerador da obrigação tributária principal, ressalvado o disposto no inciso I do § 3º do artigo 52, e do seu sujeito passivo; – a fixação de alíquota do tributo e da sua base de cálculo, ressalvado o disposto nos artigos 21, 26, 39, 57 e 65; – a cominação de penalidades para as ações ou omissões contrárias a seus dispositivos, ou para outras infrações nela definidas; – as hipóteses de exclusão, suspensão e extinção de créditos tributários, ou de dispensa ou redução de penalidades.	– fixação da data para pagamento do tributo; – regulamentação das obrigações acessórias (forma de declaração, escrituração, recolhimento etc.). Há controvérsia quanto à própria fixação de obrigações acessórias, pois o art. 113, § 2º, do CTN faz referência à legislação tributária (expressão que inclui não apenas as leis, mas também os decretos, portarias etc.); – alteração das alíquotas do II, IE, IPI, IOF e da CIDE sobre combustíveis.

Exceções à anterioridade anual (art. 150, III, b, da CF)	Exceções à anterioridade nonagesimal (art. 150, III, c, da CF)
– empréstimo compulsório para atender a despesas extraordinárias decorrentes de calamidade pública ou de guerra externa ou sua iminência (art. 148, I, in fine, da CF, em sentido contrário); – imposto de importação (art. 150, § 1º, da CF); – imposto de exportação (art. 150, § 1º, da CF); – IPI (art. 150, § 1º, da CF); – IOF (art. 150, § 1º, da CF); – impostos extraordinários na iminência ou no caso de guerra externa (art. 150, § 1º, da CF); – restabelecimento das alíquotas do ICMS sobre combustíveis e lubrificantes (art. 155, § 4º, IV, c, da CF); – restabelecimento da alíquota da CIDE sobre combustíveis (art. 177, § 4º, I, b, da CF); – contribuições sociais (art. 195, § 6º, da CF).	– empréstimo compulsório para atender a despesas extraordinárias decorrentes de calamidade pública ou de guerra externa ou sua iminência (art. 148, I, in fine, da CF, em sentido contrário – entendimento doutrinário); – imposto de importação (art. 150, § 1º, da CF); – imposto de exportação (art. 150, § 1º, da CF); – IR (art. 150, § 1º, da CF); – IOF (art. 150, § 1º, da CF); – impostos extraordinários na iminência ou no caso de guerra externa (art. 150, § 1º, da CF); – fixação da base de cálculo do IPVA (art. 150, § 1º, da CF); – fixação da base de cálculo do IPTU (art. 150, § 1º, da CF);

Os impostos aduaneiros (imposto de importação e imposto de exportação) são tributos de carga fortemente extrafiscal, cuja função primordial não é arrecadatória, mas sim de interferência no comércio exterior brasileiro.

Por essa razão, o art. 153, § 1º, da CF admite a alteração de suas alíquotas por norma infralegal, observados os limites e as condições fixadas na lei (veja que a lei continua fixando margem para essa atuação infralegal).

Ademais, o II e o IE são exceções tanto à anterioridade anual como à nonagesimal, de modo que as majorações são exigíveis imediatamente.

Por essas razões, ambos os itens da questão devem ser respondidos positivamente, lembrando que o candidato deve se referir expressamente a cada um deles em sua resposta, como no modelo da FGV.

(OAB/Exame Unificado – 2015.2 – 2ª fase) No dia 23 de dezembro de 2013, a União, atendendo aos limites da disciplina legal do Imposto sobre Produtos Industrializados (IPI), publicou decreto aumentando a alíquota para automóveis, a partir da data de sua publicação.

Em vista desse aumento, a pessoa jurídica X decide impugná-lo, tendo como base a violação do princípio da anterioridade nonagesimal/noventena. Com fundamento no princípio da legalidade tributária, a pessoa jurídica entende, ainda, que o aumento da alíquota não poderia ter sido veiculado por meio de decreto, considerando o disposto no Art. 150, I, da Constituição, que veda a exigência ou o aumento de tributo sem lei que o estabeleça.

Diante de tal quadro, responda aos itens a seguir.

a) Prospera o argumento da pessoa jurídica relativo ao princípio da anterioridade nonagesimal/ noventena? (Valor: 0,65)

b) Prospera o argumento da pessoa jurídica relativo ao princípio da legalidade tributária? (Valor: 0,60)

Obs.: o examinando deve fundamentar suas respostas. A mera citação do dispositivo legal não confere pontuação.

PRÁTICA TRIBUTÁRIA – 4ª EDIÇÃO

GABARITO COMENTADO

A questão busca verificar o conhecimento do examinando sobre as limitações constitucionais ao poder de tributar.

A) Quanto à alegada violação ao princípio da anterioridade nonagesimal/noventena, o argumento está correto, por força do Art. 150, III, c, da Constituição, não excepcionado, para o IPI, pelo Art. 150, § 1°, da CRFB.

B) Não há violação ao princípio da legalidade tributária, pois o Art. 153, § 1°, da Constituição, faculta ao Poder Executivo, atendidas as condições e os limites estabelecidos em lei, alterar as alíquotas do IPI.

DISTRIBUIÇÃO DOS PONTOS

ITEM	PONTUAÇÃO
A. Sim, há violação ao princípio da anterioridade nonagesimal/noventena (0,55), tendo em vista o disposto no Art. 150, III, c, da Constituição Federal (0,10). *Obs.: a mera citação do dispositivo legal não confere pontuação.*	0,00/0,55/0,65
B. Não há violação ao princípio da legalidade tributária (0,50), tendo em vista a faculdade instituída pelo Art. 153, § 1°, da Constituição Federal (0,10). *Obs.: a mera citação do dispositivo legal não confere pontuação.*	0,00/0,50/0,60

Comentários do Autor

Como visto nos comentários anteriores, o IPI é exceção ao princípio da legalidade estrita em relação à sua alíquota, já que pode ser alterada pelo executivo federal, atendidas as condições e os limites estabelecidos em lei, nos termos do art. 153, § 1°, da CF.

Quanto à anterioridade, o estudante deve prestar muita atenção, pois o IPI é exceção apenas à anterioridade anual ou de exercício, mas não à anterioridade nonagesimal ou noventena (art. 150, III, c, da CF), nos termos do art. 150, § 1°, da CF.

Assim, qualquer aumento de IPI, inclusive quando for promovido pelo executivo na forma do art. 153, § 1°, da CF, deve observar a noventena, sendo exigível apenas 90 dias após a publicação.

Não se esqueça de citar expressamente os dispositivos constitucionais aplicáveis e indicar também expressamente os itens da questão que estão sendo respondidos.

(OAB/Exame Unificado – 2015.2 – 2ª fase) O Município "X" notificou a instituição de educação "Y" para que realizasse o pagamento do valor correspondente ao Imposto sobre a Propriedade Predial e Territorial Urbana (IPTU) referente ao imóvel de sua propriedade, alugado a terceiros, por meio do envio de carnê para pagamento do tributo pelos correios. Apesar de constatar que o valor dos aluguéis é aplicado no desenvolvimento das atividades essenciais da instituição, o Município entendeu que a imunidade conferida pelo texto constitucional somente se aplica quando o imóvel é usado como sede da instituição.

Com base no caso descrito, responda, fundamentadamente, aos itens a seguir.

A) A cobrança do IPTU, realizada pelo Município "X", está correta? (Valor: 0,75)

B) De acordo com o entendimento firmado nos Tribunais Superiores, é válida a notificação da instituição por meio dos Correios? (Valor: 0,50)

Obs.: o examinando deve fundamentar suas respostas. A mera citação do dispositivo legal não confere pontuação.

GABARITO COMENTADO

A) A cobrança feita pelo Município "X" não está correta, tendo em vista que, de acordo com a Súmula nº 724, do STF, *in verbis*, "Ainda quando alugado a terceiros, permanece imune ao IPTU o imóvel pertencente a qualquer das entidades referidas pelo Art. 150, VI, c, da Constituição, desde que o valor dos aluguéis seja aplicado nas atividades essenciais de tais entidades."

B) A notificação é válida, tendo em vista que "a remessa, ao endereço do contribuinte, do carnê de pagamento do IPTU é ato suficiente para a notificação do lançamento tributário". Nesse sentido é o entendimento assentado pelo Superior Tribunal de Justiça (STJ).

DISTRIBUIÇÃO DOS PONTOS

ITEM	PONTUAÇÃO
A. Não, tendo em vista que o valor dos aluguéis é aplicado nas atividades essenciais da entidade e o aluguel do imóvel a terceiros não afasta a imunidade (0,65), conforme Súmula n. 724 OU Súmula vinculante n. 52, do STF. (0,10)	0,00 / 0,65 / 0,75
B. Sim, a remessa do carnê de pagamento do IPTU ao endereço do contribuinte é ato suficiente para a notificação do lançamento tributário (0,40), conforme Súmula nº 397 do STJ. (0,10)	0,00 / 0,40 / 0,50

Comentários do Autor

Essa questão é um pouco imprecisa, pois parte da premissa de que a entidade educacional é efetivamente imune.

Na verdade, a imunidade do art. 150, VI, *c*, da CF não aproveita a qualquer instituição de educação, mas apenas aquelas sem fins lucrativos e desde que atendidos os requisitos da lei (art. 14 do CTN).

De qualquer forma, conforme o gabarito oficial, considerando que o Município reconheceu que essa instituição de ensino pode ser beneficiada pela imunidade, a questão se restringe à análise do imóvel locado a terceiro.

O art. 150, § 4º, da CF restringe a imunidade aos impostos relativos a patrimônio, renda e serviços relacionados com as finalidades essenciais das entidades. Após muita discussão, o caso dos imóveis locados a terceiros foi pacificado pelo STF, nos termos das seguintes Súmulas, de conteúdo equivalente:

> Súmula Vinculante 52. Ainda quando alugado a terceiros, permanece imune ao IPTU o imóvel pertencente a qualquer das entidades referidas pelo art. 150, VI, "c", da Constituição Federal, desde que o valor dos aluguéis seja aplicado nas atividades para as quais tais entidades foram constituídas.

> Súmula 724/STF. Ainda quando alugado a terceiros, permanece imune ao IPTU o imóvel pertencente a qualquer das entidades referidas pelo art. 150, VI, "c", da Constituição, desde que o valor dos aluguéis seja aplicado nas atividades essenciais de tais entidades.

Isso soluciona o item "A" da questão.

Quanto ao item "B", é comum a notificação dos tributos lançados de ofício por meio de envio de boletos ou carnês pelo correio, o que é válido e acolhido pela jurisprudência, conforme a Súmula 397/STJ:

PRÁTICA TRIBUTÁRIA – 4ª EDIÇÃO

Súmula 397/STJ. O contribuinte do IPTU é notificado do lançamento pelo envio do carnê ao seu endereço.

Não se esqueça de citar expressamente os dispositivos constitucionais e as Súmulas em suas respostas, indicando também expressamente cada item da questão.

4. LEGISLAÇÃO TRIBUTÁRIA, VIGÊNCIA, APLICAÇÃO, INTERPRETAÇÃO E INTEGRAÇÃO

(OAB- XX Exame Unificado) Em dezembro de 2014, o Município "M" publicou lei ordinária por meio da qual instituiu contribuição para o custeio do serviço de iluminação pública. A referida lei, que entrou em vigor na data de sua publicação, fixou os respectivos contribuintes e a base de cálculo aplicável. Ao receber a cobrança da nova contribuição, João decide impugná-la sob o argumento de que a cobrança é inconstitucional, já que (i) compete exclusivamente à União instituir contribuições e (ii) cabe à lei complementar estabelecer as bases de cálculo e os contribuintes dos tributos.

Diante disso, responda:

A) Está correto o argumento de João quanto à competência para a instituição da contribuição para o custeio do serviço de iluminação pública? (Valor: 0,60)

B) Está correto o argumento de João quanto à necessidade de lei complementar para o estabelecimento da base de cálculo e dos contribuintes desta espécie de contribuição? (Valor: 0,65)

Obs.: o examinando deve fundamentar suas respostas. A mera citação do dispositivo legal não confere pontuação.

GABARITO COMENTADO – FGV

A) Não está correto o argumento de João, já que a Constituição Federal prevê, em seu Art. 149-A, que os Municípios e o Distrito Federal poderão instituir contribuição, na forma das respectivas leis, para o custeio do serviço de iluminação pública.

B) Não está correto o argumento, pois a reserva de lei complementar para a definição da base de cálculo e dos contribuintes não se estende às contribuições. De acordo com o Art. 146, inciso III, alínea a, da CRFB/88, cabe à lei complementar estabelecer normas gerais em matéria de legislação tributária, especialmente sobre definição de tributos e de suas espécies, bem como, em relação aos impostos discriminados na Constituição da República, a dos respectivos fatos geradores, bases de cálculo e contribuintes. Tratando-se de contribuição, como é o caso, é possível que a base de cálculo e o contribuinte sejam estabelecidos por lei ordinária.

Distribuição dos pontos

ITEM	PONTUAÇÃO
A. Não, pois os Municípios poderão instituir contribuição para o custeio do serviço de iluminação pública (0,50), nos termos do Art. 149-A da CRFB/88 (0,10).	0,00 / 0,50 / 0,60

B. Não, pois a reserva de lei complementar para a definição da base de cálculo e dos contribuintes não se estende às contribuições (0,55), conforme Art. 146, inciso III, alínea a, **OU** art. 149-A da CRFB/88 (0,10).	0,00 / 0,55 / 0,65

Comentários do Autor

Ao ler sobre contribuição para custeio do serviço de iluminação pública, o aluno deve consultar o dispositivo constitucional correspondente, que obrigatoriamente deverá ser citado expressamente em sua resposta:

> CF – Art. 149-A Os Municípios e o Distrito Federal poderão instituir contribuição, na forma das respectivas leis, para o custeio do serviço de iluminação pública, observado o disposto no art. 150, I e III.

> Parágrafo único. É facultada a cobrança da contribuição a que se refere o caput, na fatura de consumo de energia elétrica.

A simples leitura do dispositivo resolve o item "A" a questão, já que é expresso no sentido de que a competência para instituir o tributo é dos Municípios e do Distrito Federal.

Quanto ao item "B", é preciso lembrar que a competência tributária abrange a competência legislativa plena, nos termos do art. 6º do CTN, de modo que o Município tem competência para legislar sobre todos os aspectos da contribuição para custeio do serviço de iluminação pública, observadas as diretrizes do art. 149-A da CF.

A competência legislativa plena relativa a base de cálculo e contribuintes é restringida pelo art. 146, III, da CF, mas apenas em relação aos impostos listados na Constituição. Em relação a tais impostos (não contribuições!) cabe à lei complementar federal definir fatos geradores, contribuintes e bases de cálculo.

Assim, o argumento de João tampouco é correto no item "B".

Não se esqueça de indicar expressamente na sua resposta os itens da questão: "A)" e "B)", como o modelo da FGV!

(OAB- XIX Exame Unificado) Em dezembro de 2014, o Município de Macaé-RJ editou a Lei nº 1.234, estendendo o prazo para a cobrança judicial dos créditos de Imposto Predial e Territorial Urbano (IPTU) de cinco para seis anos. O mesmo Município ajuizou, em 2015, execução fiscal em face da pessoa jurídica Ômega, para a cobrança de créditos IPTU não pagos. Os valores desses créditos sofreram correção monetária por ato do Poder Executivo em percentual superior ao índice oficial.

Diante disso, responda aos itens a seguir.

A) O Município de Macaé-RJ agiu corretamente ao editar a Lei nº 1.234? (Valor: 0,60)

B) É correta a atualização monetária do IPTU em percentual superior aos índices oficiais por ato do Poder Executivo? (Valor: 0,65)

Obs.: o examinando deve fundamentar suas respostas. A mera citação do dispositivo legal não confere pontuação

GABARITO COMENTADO – FGV

A) O Município de Maricá-RJ não agiu corretamente ao editar a Lei nº 1.234, já que cabe à União, por meio de lei complementar, estabelecer normas gerais em matéria de legislação tributária, especialmente sobre prescrição, conforme Art. 146, III, b, da Constituição Federal.

PRÁTICA TRIBUTÁRIA – 4ª EDIÇÃO

B) Não é correta a atualização monetária do IPTU em percentual superior aos índices oficiais por ato do Poder Executivo, uma vez que é defeso ao Município atualizar o IPTU, mediante decreto, em percentual superior ao índice oficial de correção monetária, nos termos da Súmula 160 do Superior Tribunal de Justiça.

Distribuição dos pontos

ITEM	PONTUAÇÃO
A) Não, pois cabe à União, por meio de lei complementar, estabelecer normas gerais sobre prescrição (0,55), conforme o Art. 146, III, b, da Constituição Federal. (0,10). *Obs.: A mera citação ou transcrição do artigo não será pontuada.*	0,00/0,55/0,65
B) Não, pois é vedado ao Município atualizar o IPTU, mediante decreto, em percentual superior ao índice oficial de correção monetária (0,50), nos termos da Súmula 160 do Superior Tribunal de Justiça **OU** art. 150, inciso I, da CF/88 **OU** art. 97, §1º do CTN (0,10). *Obs.: A mera citação ou transcrição da súmula não será pontuada.*	0,00/0,50/0,60

Comentários do Autor

O prazo para o fisco cobrar seus tributos é o prazo prescricional.

No Brasil, esse prazo prescricional é o mesmo para todos os tributos de todos os entes federados, ou seja, é uma norma nacional, uma norma geral de direito tributário.

Exatamente para garantir essa uniformidade nacional, essas normas gerais são reguladas exclusivamente por lei complementar federal, nos termos do art. 146, III, da CF:

Art. 146. Cabe à lei complementar:

(...)

III – estabelecer normas gerais em matéria de legislação tributária, especialmente sobre:

a) definição de tributos e de suas espécies, bem como, em relação aos impostos discriminados nesta Constituição, a dos respectivos fatos geradores, bases de cálculo e contribuintes;

b) obrigação, lançamento, crédito, prescrição e decadência tributários;

(...)

O disposto constitucional, portanto, é expresso: somente por lei complementar federal se fixa prazo prescricional tributário.

Isso foi consolidado pelo STF, ao afastar normas de leis ordinárias federais que tratavam do assunto:

Súmula Vinculante 8/STF. São inconstitucionais o parágrafo único do artigo 5º do Decreto-Lei nº 1.569/1977 e os artigos 45 e 46 da Lei nº 8.212/1991, que tratam da prescrição e decadência do crédito tributário.

Esse entendimento resolve o item "A" da questão (não se esqueça de indicar expressamente os itens na sua resposta!).

Quando nos referimos a aumento de tributo, lembramos imediatamente do princípio da legalidade (a rigor, para instituição, redução, majoração ou extinção é preciso lei – art. 97, I e II, do CTN).

É preciso lei para majoração, nos termos do art. 150, I, da CF e art. 9º, I, do CTN, lembrando que a simples correção monetária (não é aumento real) pode ser feita por norma infralegal – art. 97, § 2º, do CTN e Súmula 160/STJ:

É defeso, ao Município, atualizar o IPTU, mediante decreto, em percentual superior ao índice oficial de correção monetária.

Como o Município veiculou aumento real do IPTU, ou seja, superior à inflação, deveria tê-lo feito por lei.

(OAB/Exame Unificado – 2015.1 – 2ª fase) O deputado federal Y apresentou dois projetos de lei ordinária federal. O primeiro pretende alterar o Código Tributário Nacional no que se refere aos artigos que tratam de responsabilidade tributária (obrigação tributária) e o segundo pretende instituir uma taxa de licenciamento de importação, cuja base de cálculo é o valor aduaneiro do produto importado.

A) Analise a constitucionalidade do primeiro projeto de lei apresentado pelo deputado. (Valor: 0,60)

B) A taxa a ser instituída é constitucional? (Valor: 0,65)

Obs.: responda justificadamente, empregando os argumentos jurídicos apropriados e a fundamentação legal pertinente ao caso.

GABARITO COMENTADO

A) O Código Tributário Nacional (Lei Ordinária nº 5.172/66) foi recepcionado pela Constituição Federal de 1988 como lei complementar, uma vez que estabelece normas gerais em matéria de legislação tributária. Sendo assim, a alteração do CTN, especialmente no que se refere à responsabilidade tributária, deve ser feita por lei complementar, conforme o Art. 146, III, "b", da Constituição Federal.

B) A referida taxa possui a mesma base de *cálculo* do imposto de importação. O Art. 145, § 2º, da Constituição Federal, veda a instituição de taxa com base de cálculo própria de imposto. Sendo assim, a taxa será inconstitucional, caso o projeto de lei seja aprovado.

DISTRIBUIÇÃO DOS PONTOS

ITEM	PONTUAÇÃO
A. O projeto de lei é inconstitucional, uma vez que responsabilidade ou obrigação tributária é matéria reservada à lei complementar (0,50), conforme previsto no Art. 146, III, b, da Constituição Federal (0,10). *Obs.: a mera citação do dispositivo legal não será pontuada.*	0,00 / 0,50 / 0,60
B. Não, uma vez que a taxa tem base de cálculo própria de imposto (0,55), o que é vedado pelo Art. 145, § 2º, da Constituição Federal (0,10). *Obs.: a mera citação do dispositivo legal não será pontuada.*	0,00 / 0,55 / 0,65

Comentários do Autor

O Código Tributário Nacional, apesar de formalmente lei ordinária, foi recepcionado pelo sistema constitucional atual como lei complementar federal, no que se refere às normas nacionais e gerais que veicula, em conformidade com o art. 146 da CF:

Art. 146. Cabe à lei complementar:

I – dispor sobre conflitos de competência, em matéria tributária, entre a União, os Estados, o Distrito Federal e os Municípios;

II – regular as limitações constitucionais ao poder de tributar;

III – estabelecer normas gerais em matéria de legislação tributária, especialmente sobre:

a) definição de tributos e de suas espécies, bem como, em relação aos impostos discriminados nesta Constituição, a dos respectivos fatos geradores, bases de cálculo e contribuintes;

PRÁTICA TRIBUTÁRIA – 4ª EDIÇÃO

b) obrigação, lançamento, crédito, prescrição e decadência tributários;

c) adequado tratamento tributário ao ato cooperativo praticado pelas sociedades cooperativas.

d) definição de tratamento diferenciado e favorecido para as microempresas e para as empresas de pequeno porte, inclusive regimes especiais ou simplificados no caso do imposto previsto no art. 155, II, das contribuições previstas no art. 195, I e §§ 12 e 13, e da contribuição a que se refere o art. 239.

(...)

Note que obrigação tributária será sempre objeto de normas gerais, por disposição expressa do art. 146, III, *b*, da CF.

Assim, sendo materialmente lei complementar, somente por outras leis complementares pode se alterar o CTN, o que resolve o item "A" da questão.

Quanto ao item "B", a base de cálculo deve sempre quantificar o fato gerador do respectivo tributo.

No caso da taxa de fiscalização, o valor cobrado pelo poder público (e, portanto, sua base de cálculo) deve refletir o custo dessa atividade fiscalizatória.

Nesse sentido, o § 2º, do art. 145 da CF e o parágrafo único do art. 77 do CTN, proíbem expressamente que a taxa tenha base de cálculo própria de imposto (a base de cálculo da taxa deve ser própria de taxa, ou seja, deve refletir seu fato gerador).

Interpretando esses dispositivos, o STF pacificou essa tormentosa discussão por meio da Súmula Vinculante 29:

É constitucional a adoção, no cálculo do valor de taxa, de um ou mais elementos da base de cálculo própria de determinado imposto, desde que não haja integral identidade entre uma base e outra.

No caso descrito pelo examinador, não é possível a taxa ter por base de cálculo o valor aduaneiro de bem importado, já que essa é base de cálculo do imposto de importação, conforme o art. 20 do CTN e o art. 75 do Código Aduaneiro (Decreto 6.759/2009):

Art. 75. A base de cálculo do imposto é (Decreto-Lei nº 37, de 1966, art. 2º, com a redação dada pelo Decreto-Lei nº 2.472, de 1988, art. 1º, e Acordo sobre a Implementação do Artigo VII do Acordo Geral sobre Tarifas e Comércio – GATT 1994 – Acordo de Valoração Aduaneira, Artigo 1, aprovado pelo Decreto Legislativo no 30, de 15 de dezembro de 1994, e promulgado pelo Decreto no 1.355, de 30 de dezembro de 1994):

I – quando a alíquota for ad valorem, o valor aduaneiro apurado segundo as normas do Artigo VII do Acordo Geral sobre Tarifas e Comércio – GATT 1994; e

II – quando a alíquota for específica, a quantidade de mercadoria expressa na unidade de medida estabelecida.

Lembre-se de indicar expressamente os dispositivos constitucionais e legais em sua resposta. Note que o Código Aduaneiro é bem específico, e nem sempre exigido no exame, mas a Súmula Vinculante 29/STF não pode ser esquecida!

(OAB/Exame Unificado – 2014.3 – 2ª fase) Determinado Estado da Federação brasileira publicou, em 19/12/2013, a Lei Estadual nº 5.678, a qual introduziu algumas alterações na Lei Estadual nº 1.234, que dispõe sobre a cobrança do imposto sobre transmissão *causa mortis* e doação – ITCMD no âmbito daquele Estado. A nova Lei Estadual nº 5.678 passou a vigorar na data da sua publicação, conforme expressamente previsto em um dos seus artigos. Dentre as alterações introduzidas pelo novo diploma legal, houve (i) o aumento da alíquota do imposto; e (ii) a redução da penalidade incidente para o caso de atraso no pagamento.

João, dono de vários veículos, doou um veículo a Pedro em 02/12/2013, mas, na qualidade de contribuinte, deixou de efetuar o pagamento do imposto no prazo legal, que venceu em 17/12/2013, antes do advento da Lei Estadual nº 5.678. Posteriormente, em 03/01/2014, João doou outro veículo a Tiago.

Tendo em vista o exposto, responda aos itens a seguir.

A) João faz jus à penalidade reduzida, introduzida pela Lei Estadual nº 5.678, para o pagamento do crédito tributário inadimplido incidente sobre a doação efetuada a Pedro? **(Valor: 0,60)**

B) Na doação efetuada a Tiago, incide a alíquota do imposto majorada pela Lei Estadual nº 5.678? **(Valor: 0,65)**

O examinando deve fundamentar suas respostas. A mera citação do dispositivo legal não confere pontuação.

GABARITO COMENTADO

A) João faz jus à penalidade reduzida introduzida pela Lei Estadual nº 5678, mesmo considerando que o prazo de pagamento do imposto devido pela doação a Pedro venceu antes da publicação da referida Lei. Isso porque, de acordo com o Art. 106, inciso II, alínea c, do Código Tributário Nacional, que trata da retroatividade benigna, a lei tributária aplica-se a ato ou fato pretérito quando lhe comine penalidade menos severa que a prevista na lei vigente ao tempo da sua prática.

B) Na doação efetuada a Tiago, não incide a alíquota do imposto majorada pela Lei Estadual nº 5678. De acordo com o Art. 150, inciso III, da Constituição da República, é vedada a cobrança do tributo com a alíquota majorada:

(i) no mesmo exercício financeiro em que haja sido publicada a lei que o aumentou (alínea b); (ii) antes de decorridos 90 (noventa) dias da data em que haja sido publicada a lei que o aumentou.

No caso, embora a Lei nº 5678 tenha sido publicada no exercício anterior àquele em que ocorreu o fato gerador ("doação"), em observância à anterioridade prevista no Art. 150, inciso III, alínea b, da Constituição da República, entre a data da publicação e a realização do fato gerador não transcorreram os 90 (noventa) dias previstos no Art. 150, inciso III, alínea c, da Constituição da República. Dessa forma, em razão da necessidade de observância do referido dispositivo, a alíquota do imposto, majorada pela Lei Estadual nº 5.678, somente incidirá sobre fatos geradores ocorridos após 90 (noventa) dias da data de sua publicação.

DISTRIBUIÇÃO DOS PONTOS

ITEM	PONTUAÇÃO
A) Sim, por força da retroatividade benigna da lei tributária, que deve ser aplicada a ato ou fato pretérito quando lhe comine penalidade menos severa que a prevista na lei vigente ao tempo da sua prática (0,50), conforme disposto no Art. 106, inciso II, c, do Código Tributário Nacional. (0,10) *Obs.: a mera citação do artigo não pontua.*	0,00/0,50/0,60
B) Não, pela vedação à incidência da alíquota majorada antes de decorridos 90 (noventa) dias da data em que haja sido publicada a lei que a majorou (anterioridade nonagesimal). (0,55) na forma do disposto no Art. 150, inciso III, alínea c, da Constituição da República (0,10). *Obs.: a mera citação do artigo não pontua.*	0,00/0,55/0,65

PRÁTICA TRIBUTÁRIA – 4ª EDIÇÃO

Comentários do Autor

Para solução desses problemas que envolvem múltiplas datas, é sempre bom fazer, no espaço para rascunho, uma linha do tempo, para orientar nosso raciocínio.

Neste caso, os pontos principais são:

02/12/2003 – doação de veículo de João para Pedro

19/12/2013 – publicação da lei que aumentou a alíquota do ITCMD e diminuiu a penalidade por atraso de pagamento

03/01/2014 – doação de veículo de João para Pedro

março/2014 – 90 dias contados da publicação da lei (noventena).

Note que acrescentei uma data: março de 2014.

Isso porque, em regra, qualquer majoração de tributo somente pode ser exigida no exercício seguinte ao da publicação dessa lei (princípio da anterioridade anual ou de exercício) ou após 90 dias contados dessa publicação (princípio da anterioridade nonagesimal), a data que for posterior – art. 150, I e III, *b* e *c*, da CF.

O ITCMD não é exceção a essa regra.

Assim, como a lei foi publicada em dezembro de 2013, a majoração do tributo não pode ser exigida antes de março de 2014 (data posterior à da anterioridade anual, 1º de janeiro de 2014).

A visualização da linha do tempo torna bem mais fácil a solução da questão.

Quanto ao item "A", é importante lembrar que a redução de penalidades é exceção ao princípio da irretroatividade das leis.

De fato, há excepcional retroatividade da norma mais benéfica ao infrator (*lex mitior*), no caso de ato não definitiva-mente julgado, conforme o art. 106, II, do CTN, a ser citado expressamente na solução da questão.

Quanto ao item "B", a doação a Tiago foi feita antes do início da eficácia da lei que majorou a alíquota do ITCMD, conforme nossos comentários iniciais.

5. FATO GERADOR, OBRIGAÇÃO, CRÉDITO E LANÇAMENTO TRIBUTÁRIO

(OAB/Exame Unificado – 2014.3 – 2ª fase) Joana é proprietária de um apartamento localizado no Município X. Em 05 de janeiro de 2014, o Município X enviou a Joana o carnê do IPTU referente ao ano de 2014. A data limite para pagamento ocorreu em 31 de janeiro. Como Joana não realizou o pagamento e não apresentou impugnação, em 10 de março de 2014 o Município X inscreveu o crédito em dívida ativa. Em 30 de abril de 2014, o Município X ajuizou execução fiscal cobrando o IPTU. Joana ofereceu, para garantir o juízo, o próprio imóvel, sendo a garantia aceita pelo Município X.

Sobre a hipótese descrita, responda aos itens a seguir.

A) Quando ocorreu a constituição do crédito tributário, considerando-se a jurisprudência do STJ? Justifique. **(Valor: 0,75)**

B) Joana pode substituir a penhora feita por depósito em dinheiro? Justifique. **(Valor: 0,50)**

O examinando deve fundamentar suas respostas. A mera citação do dispositivo legal não confere pontuação.

GABARITO COMENTADO

A) A constituição do crédito ocorreu com a remessa do carnê do IPTU, em 05 de janeiro de 2014. Nesse sentido, é o entendimento do Superior Tribunal de Justiça, conforme Súmula n° 397.

B) Sim. Em qualquer fase do processo, será deferida pelo juiz a substituição, pelo executado, da penhora por depósito em dinheiro, conforme previsão do Art. 15, inciso I, da Lei n° 6.830, de 1980.

DISTRIBUIÇÃO DOS PONTOS

ITEM	PONTUAÇÃO
A. A constituição do crédito ocorre com a notificação regular do lançamento, que se dá com a remessa do carnê do IPTU ao endereço do contribuinte (0,65), conforme dispõe a Súmula 397, do STJ (0,10). Obs.: *a mera citação ou transcrição do dispositivo legal não pontua.*	0,00 / 0,65 / 0,75
B. Sim. Em qualquer fase do processo, será deferida pelo juiz a substituição, pelo executado, da penhora por depósito em dinheiro (0,30), desde que o depósito seja integral (0,10), conforme previsão do Art. 15, inciso I, da Lei n° 6.830, de 1980 (0,10). Obs.: *a mera citação ou transcrição do dispositivo legal não pontua.*	0,00 / 0,30 / 0,40 / 0,50

Comentários do Autor

A constituição do crédito tributário, quando realizada pelo fisco, ocorre sempre com a notificação do sujeito passivo.

É comum a notificação dos tributos lançados de ofício por meio de envio de boletos ou carnês pelo correio, o que é válido e acolhido pela jurisprudência, conforme a Súmula 397/STJ:

Súmula 397/STJ. O contribuinte do IPTU é notificado do lançamento pelo envio do carnê ao seu endereço.

Assim, o lançamento descrito na questão ocorreu com o envio do carnê ao endereço de Joana, no início de janeiro de 2014.

As normas que regem a execução fiscal estão na Lei 6.830/1980, que precisa ser consultada e citada pelo candidato em sua resposta. Eis o art. 15:

Art. 15. Em qualquer fase do processo, será deferida pelo Juiz:

I – ao executado, a substituição da penhora por depósito em dinheiro, fiança bancária ou seguro garantia; e

(...)

De fato, não haveria porque a Fazenda protestar, já que o depósito em dinheiro é de total liquidez, muito mais favorável ao exequente que o imóvel penhorado.

PRÁTICA TRIBUTÁRIA – 4ª EDIÇÃO

6. SUJEIÇÃO PASSIVA – CAPACIDADE

(OAB- XX Exame Unificado) Em 2015, a pessoa jurídica "X" verificou a existência de débito de Imposto sobre a Renda (IRPJ) não declarado, referente ao ano calendário de 2012. Antes do início de procedimento administrativo ou medida de fiscalização, realizou o pagamento do tributo devido, acrescido dos juros de mora. Ao constatar o pagamento, a União notificou a contribuinte para que pagasse multa sancionatória incidente sobre o tributo pago extemporaneamente. Adicionalmente, efetuou o lançamento do IRPJ referente ao ano calendário 2008, que também não havia sido declarado nem pago pela contribuinte.

Diante disso, responda aos itens a seguir.

A) Está correta a cobrança da multa? (Valor: 0,60)

B) É correta a cobrança do IRPJ referente ao ano calendário 2008? (Valor: 0,65)

Obs.: o examinando deve fundamentar suas respostas. A mera citação do dispositivo legal não confere pontuação.

GABARITO COMENTADO – FGV

A) Não está correta a cobrança da multa, uma vez que, de acordo com o Art. 138 do Código Tributário Nacional, a responsabilidade é excluída pela denúncia espontânea da infração, acompanhada, se for o caso, do pagamento do tributo devido e dos juros de mora. Nesse sentido o julgamento, pelo STJ, sob o rito dos Repetitivos, do REsp nº 1.149.022-SP.

B) Não está correta a cobrança do IRPJ referente ao ano calendário de 2008, uma vez que se trata de crédito tributário atingido pela decadência, na forma do Art. 173, inciso I, do CTN.

Distribuição dos pontos

ITEM	PONTUAÇÃO
A. Não, pois a multa é afastada pela denúncia espontânea (0,55), conforme o Art. 138 do CTN (0,10). *Obs.: A mera citação ou transcrição do artigo não será pontuada.*	0,00/0,55/0,65
B. Não, pois se trata de crédito tributário atingido pela decadência (0,50), na forma do Art. 173, inciso I, do CTN **OU** Sumula 555 do STJ (0,10). *Obs.: A mera citação ou transcrição do artigo não será pontuada.*	0,00/0,50/0,60

Comentários do Autor

O contribuinte recolheu o tributo em atraso, antes de qualquer ato fiscalizatório, o que lhe traz os benefícios da denúncia espontânea. O aluno deve consultar e citar expressamente o dispositivo do CTN:

Art. 138. A responsabilidade é excluída pela denúncia espontânea da infração, acompanhada, se for o caso, do pagamento do tributo devido e dos juros de mora, ou do depósito da importância arbitrada pela autoridade administrativa, quando o montante do tributo dependa de apuração.

Parágrafo único. Não se considera espontânea a denúncia apresentada após o início de qualquer procedimento administrativo ou medida de fiscalização, relacionados com a infração.

Assim, a denúncia espontânea afasta a cobrança de qualquer multa (punitiva ou moratória), desde que:

- haja recolhimento total do tributo, corrigido monetariamente e com juros moratórios;
- esse recolhimento ocorra antes de qualquer fiscalização relacionada com a infração.

Não há denúncia espontânea:

- no caso de parcelamento do débito;
- no caso de tributo lançado por homologação que tenha sido declarado, mas não pago (Súmula 360/STJ);
- no caso de obrigações acessórias autônomas (por exemplo, entrega da declaração do IR em atraso).

Esse entendimento responde ao item "A", já que a multa é indevida.

Em relação ao IR relativo ao ano calendário 2008, o pagamento deveria ter ocorrido em 2009 (essa é a sistemática do IR).

Como o contribuinte não pagou o valor devido em 2009, já a partir da inadimplência naquele exercício o fisco poderia autuar o contribuinte e constituir o crédito (*actio nata*).

Nos termos do art. 173, I, do CTN, e da Súmula 555/STJ, o prazo decadencial de cinco anos para o fisco constituir o crédito se inicia no primeiro dia do exercício seguinte ao que o lançamento poderia ter sido realizado. Como o fisco poderia ter autuado o contribuinte já em 2009, o prazo decadencial se inicial em 1º de janeiro de 2010 e termina em 1º de janeiro de 2015.

Assim, a autuação ao longo do exercício de 2015 é inviável, por já houve a decadência no primeiro dia daquele ano, solucionando o item "B" da questão.

(OAB- XIX Exame Unificado) A pessoa jurídica Theta S.A. declarou e não pagou o débito referente à Contribuição para o Financiamento da Seguridade Social (COFINS). Meses depois, como iria participar de uma licitação e precisava apresentar certidão de regularidade fiscal, antes do início de qualquer procedimento administrativo ou medida de fiscalização por parte da União, a pessoa jurídica Theta S.A. realizou o pagamento do tributo, excluindo, no entanto, a multa moratória.

Sobre a hipótese descrita, responda aos itens a seguir.

A) Está correta a exclusão da multa moratória? Fundamente. (Valor: 0,65)

B) O contribuinte tem direito à certidão negativa de débitos? Justifique. (Valor: 0,60)

Obs.: o examinando deve fundamentar suas respostas. A mera citação do dispositivo legal não confere pontuação

GABARITO COMENTADO – FGV

A) Trata-se de questão que versa sobre denúncia espontânea. O examinando deverá indicar que, na hipótese, não é cabível a denúncia espontânea, prevista no Art. 138 do Código Tributário Nacional, pois a COFINS, tributo sujeito a lançamento por homologação, foi regularmente declarada, porém paga a destempo. Nesse sentido é o entendimento do Superior Tribunal de Justiça, conforme Súmula 360.

B) O examinando deverá responder que o contribuinte não tem direito à certidão de regularidade fiscal, isso porque declarou o débito, porém não pagou integralmente, sendo legítima a recusa da emissão da certidão negativa, conforme Súmula 446 do Superior Tribunal de Justiça.

Distribuição dos pontos

ITEM	PONTUAÇÃO
A) Não, uma vez que não cabe denúncia espontânea na hipótese de tributo sujeito ao lançamento por homologação, quando declarado regularmente, porém pago a destempo (0,55), conforme Súmula 360 do Superior Tribunal de Justiça (0,10).	0,00 / 0,55 / 0,65
B) Não. O contribuinte declarou, porém não pagou integralmente o débito, sendo legítima a recusa de expedição da certidão negativa por parte do Fisco (0,50), conforme Súmula 446, do Superior Tribunal de Justiça (0,10).	0,00 / 0,50 / 0,60

Comentários do Autor

Em se tratando de denúncia espontânea, o aluno deve consultar e citar expressamente o dispositivo do CTN:

Art. 138. A responsabilidade é excluída pela denúncia espontânea da infração, acompanhada, se for o caso, do pagamento do tributo devido e dos juros de mora, ou do depósito da importância arbitrada pela autoridade administrativa, quando o montante do tributo dependa de apuração.

Parágrafo único. Não se considera espontânea a denúncia apresentada após o início de qualquer procedimento administrativo ou medida de fiscalização, relacionados com a infração.

Assim, a denúncia espontânea afasta a cobrança de qualquer multa (punitiva ou moratória), desde que:

- haja recolhimento total do tributo, corrigido monetariamente e com juros moratórios;

- esse recolhimento ocorra antes de qualquer fiscalização relacionada com a infração.

Não há denúncia espontânea:

- no caso de parcelamento do débito;

- no caso de tributo lançado por homologação que tenha sido declarado, mas não pago (Súmula 360/STJ);

- no caso de obrigações acessórias autônomas (por exemplo, entrega da declaração do IR em atraso).

Veja que a questão se refere a tributo lançado por homologação, sendo que houve declaração do débito pelo contribuinte inadimplente.

Após grande debate doutrinário e jurisprudencial, o STJ adotou o entendimento no sentido de que, nesses casos, não há denúncia espontânea. Isso porque a declaração seria uma "denúncia" do débito não acompanhada do pagamento (requisito do art. 138 do CTN). A partir daí o inadimplemento já é conhecido pelo fisco (por conta da declaração feita pelo contribuinte), afastando definitivamente a possibilidade do benefício. Isso se consolidou na citada Súmula 360/STJ:

O benefício da denúncia espontânea não se aplica aos tributos sujeitos a lançamento por homologação regularmente declarados, mas pagos a destempo.

Em relação ao item "B", não houve pagamento, logo o contribuinte continua inadimplente, de modo que não tem direito à certidão negativa. Tampouco há suspensão da exigibilidade do crédito ou garantia da execução, o que afasta a possibilidade de certidão positiva com efeito de negativa (art. 206 do CTN). Esse entendimento foi consolidado na Súmula 446/STJ:

Declarado e não pago o débito tributário pelo contribuinte, é legítima a recusa de expedição de certidão negativa ou positiva com efeito de negativa.

Isso resolve o item "B" da questão, lembrando que cada item da resposta deve ser indicado expressamente pelo candidato.

(OAB- XIX Exame Unificado) Em janeiro de 2014, a pessoa jurídica Beta adquiriu o estabeleci-mento comercial da pessoa jurídica Delta e continuou a explorar a atividade sob outra razão social. Ao adquirir o estabelecimento, a pessoa jurídica Beta não elegeu domicílio tributário. Três meses após a alienação, a pessoa jurídica Delta iniciou nova atividade no mesmo ramo de comércio.

Em janeiro de 2015, a pessoa jurídica Beta foi notificada pelo Estado de Minas Gerais para paga-mento de créditos de ICMS relativos ao estabelecimento adquirido e referentes ao ano de 2013, uma vez que, de acordo com o Estado de Minas Gerais, a responsabilidade da pessoa jurídica Beta quanto a tais créditos seria integral.

Diante disso, responda aos itens a seguir.

A) É correto o entendimento do Estado de Minas Gerais no sentido de que a responsabilidade da pessoa jurídica Beta é integral? (Valor: 0,75)

B) Diante da falta de eleição de domicílio tributário pela pessoa jurídica Beta, qual(is) local(is) deve(m) ser indicado(s) pela administração tributária para a notificação? (Valor: 0,50)

Obs.: o examinando deve fundamentar suas respostas. A mera citação do dispositivo legal não confere pontuação.

GABARITO COMENTADO – FGV

A) O entendimento do Estado de Minas Gerais não está correto, uma vez que, de acordo com o Art. 133, II, do Código Tributário Nacional, a pessoa jurídica de direito privado que adquirir de outra, por qualquer título, estabelecimento comercial e continuar a respectiva exploração sob outra razão social responde pelos tributos relativos ao esta-belecimento adquirido devidos até a data do ato, subsidiariamente com o alienante, se este iniciar, dentro de seis meses, a contar da data da alienação, nova atividade no mesmo ramo de comércio.

B) Na falta de eleição, pelo contribuinte ou responsável, de domicílio tributário, na forma da legislação aplicável, considera-se como tal, quanto às pessoas jurídicas de direito privado ou às firmas individuais, o lugar da sua sede ou, em relação aos atos ou fatos que derem origem à obrigação, o de cada estabelecimento, conforme o Art. 127, II, do Código Tributário Nacional.

Distribuição dos pontos

ITEM	PONTUAÇÃO
A) Não, porque, nesse caso, a responsabilidade da pessoa jurídica Beta é subsidiária (0,65), nos termos do Art. 133, II, do Código Tributário Nacional (0,10). *Obs.: A mera citação ou transcrição do artigo não será pontuada.*	0,00/0,65/0,75
B) O lugar da sua sede (0,25) ou, em relação aos atos ou fatos que derem origem à obrigação, o de cada estabelecimento (0,15), conforme o Art. 127, II, do Código Tributário Nacional (0,10). *Obs.: A mera citação ou transcrição do artigo não será pontuada.*	0,00/0,15/0,25/0,35/ 0,40/0,50

Comentários do Autor

A responsabilidade por sucessão no caso de aquisição de estabelecimento empresarial é regulada pelo art. 133 do CTN, que deve ser consultado e citado expressamente na resposta:

> Art. 133. A pessoa natural ou jurídica de direito privado que adquirir de outra, por qualquer título, fundo de comércio ou estabelecimento comercial, industrial ou profissional, e continuar a respectiva exploração, sob a mesma ou outra razão social ou sob firma ou nome individual, responde pelos tributos, relativos ao fundo ou estabelecimento adquirido, devidos até à data do ato:
>
> I – integralmente, se o alienante cessar a exploração do comércio, indústria ou atividade;
>
> II – subsidiariamente com o alienante, se este prosseguir na exploração ou iniciar dentro de seis meses a contar da data da alienação, nova atividade no mesmo ou em outro ramo de comércio, indústria ou profissão.
>
> (...)

Para essa responsabilidade, é essencial que:

- haja efetiva aquisição do estabelecimento (simples locação do espaço antes ocupado pela empresa Delta não implicaria responsabilidade, por exemplo);

- a adquirente continue a exploração da atividade da empresa Delta (alienante do estabelecimento).

Ademais, os incisos do *caput* distinguem dois tipos de responsabilidade: integral e subsidiária.

O critério distintivo desses dois tipos de responsabilidade é a conduta da alienante do estabelecimento (empresa Delta, no caso). Se ela prosseguir na exploração de qualquer atividade empresarial dentro de 6 meses contados da alienação, ela (Delta) responderá em primeiro lugar e, somente depois, a adquirente (empresa Beta – há benefício de ordem!).

Resolvendo o item "A", embora a empresa Beta seja responsável, sua responsabilidade é apenas subsidiária, nos termos do art. 133, II, do CTN, daí porque o entendimento do Estado é incorreto.

Quanto ao domicílio tributário, em regra ele é escolhido pelo contribuinte. Caso não haja essa escolha expressamente ou se o domicílio eleito pelo contribuinte for recusado pelo fisco, o art. 127 do CTN traz regras subsidiárias. Esse é o dispositivo a ser consultado e citado expressamente na resposta ao item "B":

> Art. 127. Na falta de eleição, pelo contribuinte ou responsável, de domicílio tributário, na forma da legislação aplicável, considera-se como tal:
>
> I – quanto às pessoas naturais, a sua residência habitual, ou, sendo esta incerta ou desconhecida, o centro habitual de sua atividade;
>
> II – quanto às pessoas jurídicas de direito privado ou às firmas individuais, o lugar da sua sede, ou, em relação aos atos ou fatos que derem origem à obrigação, o de cada estabelecimento;
>
> III – quanto às pessoas jurídicas de direito público, qualquer de suas repartições no território da entidade tributante.
>
> § 1º Quando não couber a aplicação das regras fixadas em qualquer dos incisos deste artigo, considerar-se-á como domicílio tributário do contribuinte ou responsável o lugar da situação dos bens ou da ocorrência dos atos ou fatos que deram origem à obrigação.
>
> § 2º A autoridade administrativa pode recusar o domicílio eleito, quando impossibilite ou dificulte a arrecadação ou a fiscalização do tributo, aplicando-se então a regra do parágrafo anterior.

Considerando que a empresa Beta não elegeu expressamente seu domicílio tributário, o fisco considerará como tal o lugar de sua sede, ou, em relação aos atos ou fatos que derem origem à obrigação, o de cada estabelecimento, conforme o art. 127, II, do CTN.

(OAB/Exame Unificado – 2015.3 – 2ª fase) Caio tem 10 anos e seu pai o presenteou com uma casa de praia no litoral do Município Y. No entanto, Caio não realizou o pagamento do carnê do Imposto sobre a Propriedade Predial e Territorial Urbana (IPTU) incidente sobre o imóvel de sua propriedade. Caio, representado por seu pai, apresentou uma impugnação ao lançamento do crédito, alegando que Caio não tem capacidade civil e que, portanto, não pode ser contribuinte do IPTU. O Município Y negou provimento à impugnação e Caio apresentou recurso voluntário ao Conselho Municipal de Contribuintes, que foi inadmitido por inexistência de depósito recursal prévio, conforme exigência da legislação municipal.

A partir da questão proposta, responda aos itens a seguir.

A) Caio pode ser considerado contribuinte do imposto? Fundamente. (Valor: 0,65)

B) É constitucional a exigência do depósito como condição para o recurso administrativo, conforme decisão do Conselho Municipal? Justifique. (Valor: 0,60)

Obs.: o examinando deve fundamentar suas respostas. A mera citação do dispositivo legal não confere pontuação.

GABARITO COMENTADO

A) Sim. A capacidade tributária independe da capacidade civil das pessoas naturais. Sendo assim, Caio é contribuinte do IPTU, independente de não ter capacidade civil. Nesse sentido, o Art. 126, inciso I, do CTN.

B) Conforme a Súmula Vinculante nº 21 do Supremo Tribunal Federal, a exigência de um depósito prévio como requisito de admissibilidade de recurso administrativo é inconstitucional, pois fere o Art. 5º, incisos XXXIV (direito de petição independente do pagamento) e LV (assegurados o contraditório e a ampla defesa).

DISTRIBUIÇÃO DOS PONTOS

ITEM	PONTUAÇÃO
A. Sim, a capacidade tributária independe da capacidade civil das pessoas naturais (0,55), na forma do Art. 126 do CTN (0,10).	0,00 / 0,55 / 0,65
B. Não. Conforme a Súmula Vinculante nº 21 do Supremo Tribunal Federal (0,10), a exigência de um depósito prévio como requisito de admissibilidade de recurso administrativo é inconstitucional (0,40), violando o Art. 5º, inciso XXXIV E/OU Art. 5º, inciso LV, da CRFB/88 (0,10),	0,00 / 0,40/ 0,50 / 0,60

Comentários do Autor

O dispositivo que regular nacionalmente a capacidade tributária passiva, ou seja, a capacidade para ocupar o polo passivo da obrigação tributária, é o art. 126 do CTN, que deve ser consultado antes da confecção da resposta pelo estudante e, muito importante, deve ser expressamente citado no exame:

Art. 126. A capacidade tributária passiva independe:

I – da capacidade civil das pessoas naturais;

II – de achar-se a pessoa natural sujeita a medidas que importem privação ou limitação do exercício de atividades civis, comerciais ou profissionais, ou da administração direta de seus bens ou negócios;

PRÁTICA TRIBUTÁRIA – 4ª EDIÇÃO

III – de estar a pessoa jurídica regularmente constituída, bastando que configure uma unidade econômica ou profissional.

A leitura do dispositivo resolve o item "A" da questão, já que a capacidade tributária independe da capacidade civil, ou seja, Caio tem capacidade tributária, podendo ser contribuinte de tributo.

A impugnação administrativa do lançamento tributário é direito do sujeito passivo, garantido pelo art. 5º, XXXIV e LV, da Constituição Federal, que não pode ser restringido pela exigência de depósito prévio para peticionar ou recorrer. Esse entendimento foi consolidado pela Súmula Vinculante 21/STF:

> É inconstitucional a exigência de depósito ou arrolamento prévios de dinheiro ou bens para admissibilidade de recurso administrativo.

Isso soluciona o item "B" da questão, sendo inviável a exigência feita pelo Conselho Municipal de Contribuintes.

(OAB/Exame Unificado – 2015.2 – 2ª fase) A União ajuizou execução fiscal em face da pessoa jurídica ABC Águas Ltda. e de João, diretor da pessoa jurídica, cujo nome estava indicado na certidão de dívida ativa (CDA), para a cobrança de valores relativos ao Imposto sobre a Renda (IR), supostamente devidos.

De acordo com a União, a atribuição de responsabilidade ao Diretor estaria correta, tendo em vista o inadimplemento do tributo pela pessoa jurídica.

Diante desse caso, responda aos itens a seguir.

A) A inclusão de João na CDA como responsável tributário, em razão do mero inadimplemento do tributo pela pessoa jurídica ABC Águas Ltda., está correta? (Valor: 0,60)

B) Caso a execução fiscal tivesse sido ajuizada somente em face da pessoa jurídica, a União teria que demonstrar algum requisito para a inclusão do Diretor no polo passivo da execução fiscal? (Valor: 0,65)

Obs.: o examinando deve fundamentar suas respostas. A mera citação do dispositivo legal não confere pontuação.

GABARITO COMENTADO

A questão aborda o tema contribuinte e a responsabilidade tributária.

A) O examinando deverá indicar que o argumento apresentado pela União não está correto, tendo em vista que a falta de pagamento do tributo não gera, por si só, a responsabilidade do diretor, prevista no Art. 135 do CTN. Nesse sentido, a Súmula n. 430 do Superior Tribunal de Justiça.

B) O examinando deve destacar que, se a execução tivesse sido proposta somente em face da pessoa jurídica, havendo indicação do nome do Diretor na CDA, a União não teria de provar a presença dos requisitos do Art. 135 do CTN, tendo em vista a presunção relativa de liquidez e certeza da CDA, conforme o Art. 3º da Lei 6.830/80 e/ou o Art. 204 do CTN. Admite-se como correta a resposta que indicar que caso o nome de João não constasse da CDA, a União teria de provar a presença de atos praticados com excesso de poderes ou infração de lei ou contrato social ou estatuto ou a dissolução irregular da pessoa jurídica, nos termos do Art. 135, do CTN ou da Súmula n. 435, do Superior Tribunal de Justiça.

DISTRIBUIÇÃO DOS PONTOS

ITEM	PONTUAÇÃO
A. Não, tendo em vista que a falta de pagamento do tributo não configura, por si só, a responsabilidade do Diretor (0,40) nos termos do Art. 135 do CTN (0,10), conforme Súmula n° 430 do Superior Tribunal de Justiça (0,10). *Obs.: a mera citação do dispositivo legal não confere pontuação.*	0,00/0,40/0,50/0,60
A questão admite: Não. Caso o nome de João constasse da CDA, a União não teria de provar a presença dos requisitos do Art. 135 do Código Tributário Nacional, tendo em vista a presunção relativa de liquidez e certeza da CDA (0,55), conforme o Art. 3° da Lei n° 6.830/80 e/ou o Art. 204 do CTN (0,10). OU Sim. Caso o nome de João não constasse da CDA, a União teria de provar a presença de atos praticados com excesso de poderes ou infração de lei ou contrato social ou estatuto OU a dissolução irregular da pessoa jurídica (0,55), nos termos do Art. 135, do CTN OU da Súmula n. 435, do Superior Tribunal de Justiça (0,10) *Obs.: a mera citação do dispositivo legal não confere pontuação.*	0,00/0,55/0,65

Comentários do Autor

A responsabilidade pessoal dos gestores das pessoas jurídicas é regulada pelo art. 135, III, do CTN, que deve ser consultado e citado na resposta:

> Art. 135. São pessoalmente responsáveis pelos créditos correspondentes a obrigações tributárias resultantes de atos praticados com excesso de poderes ou infração de lei, contrato social ou estatutos:
>
> (...)
>
> III – os diretores, gerentes ou representantes de pessoas jurídicas de direito privado.

Assim, para que o diretor responda pessoalmente, é preciso que ele tenha infringido a lei, o contrato ou os estatutos, ou tenha agido com excesso de poderes.

O ilícito indicado pelo fisco seria o simples inadimplemento, o que já foi afastado pela jurisprudência como causa da responsabilidade do art. 135 do CTN, conforme a Súmula 430/STJ:

> O inadimplemento da obrigação tributária pela sociedade não gera, por si só, a responsabilidade solidária do sócio-gerente.

Isso soluciona o item "A" da questão.

Quanto ao item "B", como o nome do diretor consta da CDA, presume-se que houve oportunidade de contraditório e ampla defesa no âmbito administrativo. Daí a presunção de liquidez e certeza da certidão, nos termos do art. 204 do CTN e 3° da Lei 6.830/1980, de mesmo conteúdo:

> CTN – Art. 204. A dívida regularmente inscrita goza da presunção de certeza e liquidez e tem o efeito de prova pré-constituída.
>
> Parágrafo único. A presunção a que se refere este artigo é relativa e pode ser ilidida por prova inequívoca, a cargo do sujeito passivo ou do terceiro a que aproveite.
>
> Art. 3° A Dívida Ativa regularmente inscrita goza da presunção de certeza e liquidez.

PRÁTICA TRIBUTÁRIA – 4ª EDIÇÃO

Parágrafo Único. A presunção a que se refere este artigo é relativa e pode ser ilidida por prova inequívoca, a cargo do executado ou de terceiro, a quem aproveite.

Com base nisso, a jurisprudência pacificou o entendimento de que há uma inversão do ônus probatório, no caso de execução fiscal direcionada contra o gestor cujo nome consta na CDA. Nesse caso, é o gestor que deverá comprovar em juízo que não há a responsabilidade prevista no art. 135, III, do CTN:

Tributário. Execução fiscal sócio-gerente cujo nome consta da CDA. Presunção de responsabilidade. Ilegitimidade passiva arguida em exceção de pré-executividade. Inviabilidade. Precedentes.

(...)

2. Conforme assentado em precedentes da Seção, inclusive sob o regime do art. 543-C do CPC (REsp 1104900, Min. Denise Arruda, sessão de 25.03.09), não cabe exceção de pré-executividade em execução fiscal promovida contra sócio que figura como responsável na Certidão de Dívida Ativa - CDA. É que a presunção de legitimidade assegurada à CDA impõe ao executado que figura no título executivo o ônus de demonstrar a inexistência de sua responsabilidade tributária, demonstração essa que, por demandar prova, deve ser promovida no âmbito dos embargos à execução.

3. Recurso Especial provido. Acórdão sujeito ao regime do art. 543-C do CPC.

(REsp 1110925/SP, Rel. Ministro Teori Albino Zavascki, Primeira Seção, julgado em 22/04/2009, DJe 04/05/2009)

Assim, não caberia à União comprovar em juízo a incidência do art. 135 do CTN, mas sim ao diretor ilidir a presunção de certeza da CDA.

(OAB/Exame Unificado – 2015.1 – 2ª fase) Em 2008, constou na Declaração de Débitos e Créditos Tributários Federais (DCTF) da pessoa jurídica AB&C Participações Ltda. que era devido, a título de Contribuição para o Financiamento da Seguridade Social – COFINS, o valor de R$ 25.000,00 (vinte e cinco mil reais). No entanto, a AB&C Participações Ltda. não efetuou o recolhimento antes do vencimento do tributo.

Em 2009, antes do início de qualquer fiscalização por parte da Fazenda Nacional, a AB&C Participações Ltda. efetuou o recolhimento daquele montante da COFINS informado no ano anterior na DCTF, sem, no entanto, o acréscimo da multa de mora, em razão da ocorrência da denúncia espontânea. Por não concordar com a AB&C Participações Ltda., a Fazenda Nacional lavrou auto de infração cobrando o valor integral do tributo (deduzido do montante já recolhido), sendo a AB&C Participações Ltda. intimada para pagar ou apresentar defesa.

Sobre o caso, responda aos itens a seguir.

A) Está correto o entendimento da pessoa jurídica AB&C Participações Ltda. sobre a ocorrência da denúncia espontânea? (Valor: 0,65)

B) Caso a pessoa jurídica proponha ação anulatória buscando desconstituir o auto de infração, poderá apresentar, simultaneamente, defesa no processo administrativo? (Valor: 0,60)

Responda justificadamente, empregando os argumentos jurídicos apropriados e a fundamentação legal pertinente ao caso.

GABARITO COMENTADO

A) Não. O benefício da denúncia espontânea, com a exclusão da multa de mora, não se aplica nos casos de tributos sujeitos ao lançamento por homologação, como no caso da COFINS, quando, regularmente declarados, foram pagos a destempo, conforme enunciado da Súmula nº 360, do STJ.

B) Não. A Lei nº 6.830/1980 (a chamada Lei de Execuções Fiscais) prevê, em seu Art. 38, parágrafo único, que "A propositura, pelo contribuinte, da ação prevista neste artigo (que é a ação anulatória) importa em renúncia ao poder de recorrer na esfera administrativa e desistência do recurso acaso interposto".

DISTRIBUIÇÃO DOS PONTOS

ITEM	PONTUAÇÃO
A. Não. O benefício da denúncia espontânea não se aplica nos casos de tributos sujeitos ao lançamento por homologação, como no caso da COFINS, quando, regularmente declarados, foram pagos a destempo (0,55), conforme enunciado da Súmula nº 360 do STJ (0,10). *Obs.: a mera citação do dispositivo legal não será pontuada.*	0,00/0,55/0,65
B. Não, pois o emprego de medida judicial pelo contribuinte, questionando determinado débito tributário, importa em renúncia ao poder de recorrer na esfera administrativa contra a mesma hipótese (e em desistência do recurso porventura já apresentado) (0,50), conforme o Art. 38, parágrafo único, da Lei nº 6.830/1980 (0,10). *Obs.: a mera citação do dispositivo legal não será pontuada.*	0,00/0,50/0,60

Comentários do Autor

Quando se trata de denúncia espontânea, aluno deve consultar e citar expressamente o dispositivo do CTN:

Art. 138. A responsabilidade é excluída pela denúncia espontânea da infração, acompanhada, se for o caso, do pagamento do tributo devido e dos juros de mora, ou do depósito da importância arbitrada pela autoridade administrativa, quando o montante do tributo dependa de apuração.

Parágrafo único. Não se considera espontânea a denúncia apresentada após o início de qualquer procedimento administrativo ou medida de fiscalização, relacionados com a infração.

Assim, a denúncia espontânea afasta a cobrança de qualquer multa (punitiva ou moratória), desde que:

- haja recolhimento total do tributo, corrigido monetariamente e com juros moratórios;

- esse recolhimento ocorra antes de qualquer fiscalização relacionada com a infração.

Não há denúncia espontânea:

- no caso de parcelamento do débito;

- no caso de tributo lançado por homologação que tenha sido declarado, mas não pago (Súmula 360/STJ);

- no caso de obrigações acessórias autônomas (por exemplo, entrega da declaração do IR em atraso).

Veja que a questão se refere a tributo lançado por homologação, sendo que houve declaração do débito pelo contribuinte inadimplente.

Após grande debate doutrinário e jurisprudencial, o STJ adotou o entendimento no sentido de que, nesses casos, não há denúncia espontânea. Isso porque a declaração seria uma "denúncia" do débito não acompanhada do pagamento (requisito do art. 138 do CTN). A partir daí o inadimplemento já é conhecido pelo fisco (por conta da

PRÁTICA TRIBUTÁRIA – 4ª EDIÇÃO

declaração feita pelo contribuinte), afastando definitivamente a possibilidade do benefício. Isso se consolidou na citada Súmula 360/STJ:

> O benefício da denúncia espontânea não se aplica aos tributos sujeitos a lançamento por homologação regularmente declarados, mas pagos a destempo.

Isso resolve o item "A" da questão.

No que se refere ao item "B", quando o sujeito passivo vai ao judiciário discutir determinada exação, pressupõe-se que há desistência do debate no âmbito administrativo, já que a decisão judicial se sobrepõe à administrativa.

Nesse sentido é expresso o art. 38, parágrafo único, da Lei 6.830/1980:

> Art. 38. A discussão judicial da Dívida Ativa da Fazenda Pública só é admissível em execução, na forma desta Lei, salvo as hipóteses de mandado de segurança, ação de repetição do indébito ou ação anulatória do ato declarativo da dívida, esta precedida do depósito preparatório do valor do débito, monetariamente corrigido e acrescido dos juros e multa de mora e demais encargos.

> Parágrafo Único. A propositura, pelo contribuinte, da ação prevista neste artigo importa em renúncia ao poder de recorrer na esfera administrativa e desistência do recurso acaso interposto.

Isso soluciona a segunda parte da questão.

7. SUSPENSÃO, EXTINÇÃO E EXCLUSÃO DO CRÉDITO TRIBUTÁRIO

(OAB- XXIII Exame Unificado) A União ajuizou, em 2016, execução fiscal em face da pessoa jurídica "X". Estavam em cobrança dois débitos distintos: um deles era relativo ao Imposto sobre Produtos Industrializados (IPI) vencido no final do mês de março de 2009, regularmente declarado pelo contribuinte no mesmo mês, mas que não foi recolhido; o outro era relativo à multa pelo descumprimento, em 2014, de obrigação acessória do IPI.

Regularmente citada, a pessoa jurídica "X" alegou a ocorrência de prescrição do débito relativo ao ano de 2009. Para tanto, sustentou que foi ultrapassado o prazo de cinco anos para a exigência do imposto – pois tal prazo tivera início com o vencimento do tributo, já que o montante devido foi oportunamente declarado. No que se refere à multa, sustentou a inexigibilidade da obrigação, porquanto referente a uma operação específica que, no momento de sua realização, estava coberta por isenção concedida pela própria União (isenção esta que efetivamente existia em 2014).

Com base no caso relatado, responda aos itens a seguir.

A) Conforme sustentado pela contribuinte, operou-se a prescrição no presente caso? (Valor: 0,65)

B) Está correto o argumento da pessoa jurídica "X" quanto à improcedência da multa? (Valor: 0,60)

Obs.: o examinando deve fundamentar suas respostas. A mera citação do dispositivo legal não confere pontuação.

GABARITO COMENTADO – FGV

A) Sim, já que de acordo com a Súmula 436 do STJ, "A entrega de declaração pelo contribuinte reconhecendo débito fiscal constitui crédito tributário, dispensada qualquer outra providência por parte do fisco," razão pela qual o prazo prescricional teve início com o vencimento do tributo, em março de 2009, estando a prescrição consumada desde março de 2014.

B) Não, pois de acordo com o Art. 175, parágrafo único, do CTN, a exclusão do crédito tributário não dispensa o cumprimento das obrigações acessórias dependentes da obrigação principal cujo crédito seja excluído ou dela consequente.

Distribuição dos pontos

ITEM	PONTUAÇÃO
A. Sim, pois o prazo prescricional teve início com o vencimento do tributo, em março de 2009, estando a prescrição consumada desde março de 2014, **OU** Sim, pois o prazo prescricional é de cinco anos contados do vencimento do tributo/da constituição definitiva do crédito/da entrega da declaração (0,55), conforme Súmula 436 do STJ **OU** art. 174 do CTN (0,10).	0,00/0,55/0,65
B. Não, pois a exclusão (**OU** isenção) do crédito tributário não dispensa o cumprimento das obrigações acessórias decorrentes da obrigação principal (0,50), conforme o Art. 175, parágrafo único, do CTN (0,10).	0,00/0,50/0,60

Comentários do Autor

Quando se trata de prazo para o fisco cobrar tributo estamos nos referindo ao prazo prescricional. O dispositivo do CTN a ser consultado e citado é o art. 174:

> CTN – Art. 174. A ação para a cobrança do crédito tributário prescreve em cinco anos, contados da data da sua constituição definitiva.
>
> (...)

É preciso, portanto, investigar quando se deu a constituição do crédito cobrado e, a seguir, se decorreram 5 anos dessa data, hipótese em que o crédito estará prescrito, sendo inviável a cobrança.

Em princípio, como o IPI é lançado por homologação e o contribuinte não antecipou o pagamento, o fisco teria 5 anos para lançar o tributo (prazo decadencial – art. 173 do CTN) e, somente depois disso, se iniciaria o prazo prescricional de 5 anos (art. 174 do CTN).

Ocorre que o contribuinte declarou o débito, conforme descrito na questão.

Essa declaração do débito, no caso dos tributos lançados por homologação, tem o efeito do lançamento, ou seja, constitui o crédito tributário. É o entendimento consolidado na Súmula 436/STJ:

> A entrega de declaração pelo contribuinte reconhecendo débito fiscal constitui o crédito tributário, dispensada qualquer outra providência por parte do fisco.

A constituição do crédito, portanto, ocorreu em março de 2009. A partir do vencimento, sem que tenha havido o pagamento, nasceu o direito de o fisco cobrar o tributo (*actio nata*) e, portanto, iniciou-se o prazo prescricional correspondente.

Note que a *actio nata* indica isso: nascimento do direito à ação, sendo que não corre prazo prescricional antes disso. Dito de outra forma, não há prazo prescricional enquanto não há inércia do titular do direito.

Assim, o direito de o fisco cobrar o IPI prescreveu em 2014, sendo inviável o ajuizamento da execução em 2016, o que responde o item "A" da questão (não esqueça de indicar expressamente o item em sua resposta!).

Quanto ao item "B", é importante lembra que, apesar do nome, a obrigação acessória não é dependente da obrigação principal.

De fato, os benefícios fiscais relativos à obrigação principal (obrigação de pagar tributo ou penalidade pecuniária) não afastam automaticamente as obrigações acessórias. Isso é descrito expressamente no art. 175, parágrafo único, do CTN:

PRÁTICA TRIBUTÁRIA – 4ª EDIÇÃO 48

Art. 175. Excluem o crédito tributário:

I – a isenção;

II – a anistia.

Parágrafo único. A exclusão do crédito tributário não dispensa o cumprimento das obrigações acessórias dependentes da obrigação principal cujo crédito seja excluído, ou dela consequente.

Assim sendo, a multa é devida, independentemente de isenção relacionada ao IPI, o que resolve o item "B" da questão.

(OAB- XXIII Exame Unificado) A sociedade empresária "X" foi autuada pelo Estado "Z" em 35% do valor do Imposto sobre Circulação de Mercadorias e de Serviços (ICMS) devido, em razão do preenchimento incorreto de determinado documento fiscal. Observadas diversas inconsistências no auto de infração, os advogados da sociedade impugnaram administrativamente a autuação.

No curso do processo, nova lei foi publicada, estabelecendo nova penalidade para os casos de preenchimento incorreto de documentos fiscais, agora no percentual de 15% do valor do imposto.

Ocorre que, embora pendente a decisão da impugnação, o fisco inscreveu a sociedade em dívida ativa, assinalando, no termo de inscrição, a penalidade anterior, de 35%.

Com base nessas informações e de acordo com o disposto no CTN, responda aos itens a seguir.

A) O fisco poderia ter inscrito o contribuinte em dívida ativa naquele momento? Justifique. (Valor: 0,65)

B) O percentual da multa assinalado no ato de inscrição está correto? Fundamente. (Valor: 0,60)

Obs.: o(a) examinando(a) deve fundamentar as respostas. A mera citação do dispositivo legal não confere pontuação.

Obs.: o examinando deve fundamentar suas respostas. A mera citação do dispositivo legal não confere pontuação.

GABARITO COMENTADO – FGV

A) Não. A impugnação administrativa é hipótese de suspensão da exigibilidade do crédito tributário, impedindo que o fisco inscreva o crédito tributário em dívida ativa, na forma do Art. 151, inciso III, c/c o Art. 201, ambos do CTN.

B) Não. Deve ser aplicada ao contribuinte a penalidade da lei mais benéfica, no percentual de 15%, na forma do Art. 106, inciso II, alínea "c", do CTN.

Distribuição dos pontos

ITEM	PONTUAÇÃO
A. Não. A impugnação administrativa suspende a exigibilidade do crédito tributário (0,55), na forma do Art. 151, inciso III, **OU** do Art. 201, ambos do CTN (0,10).	0,00/0,55/0,65
B. Não. Deve ser aplicada a penalidade da lei mais benéfica (0,50), na forma do Art. 106, inciso II, alínea "c", do CTN **OU** Art.5º, inciso XL da CRFB/88 (0,10).	0,00/0,50/0,60

Comentários do Autor

A inscrição do crédito tributário em dívida ativa é regulado pelo art. 201 do CTN, que deve ser consultado e citado expressamente pelo candidato:

> Art. 201. Constitui dívida ativa tributária a proveniente de crédito dessa natureza, regularmente inscrita na repartição administrativa competente, depois de esgotado o prazo fixado, para pagamento, pela lei ou por decisão final proferida em processo regular.
>
> Parágrafo único. A fluência de juros de mora não exclui, para os efeitos deste artigo, a liquidez do crédito.

Note que a leitura do dispositivo legal resolve o item "A" da questão, já que somente após a decisão final proferida no processo administrativo é que se pode inscrever o crédito em dívida ativa.

Há autores e precedentes judiciais segundo os quais somente após o término do processo administrativo em que o contribuinte impugne o lançamento é que se dá a constituição definitiva do crédito tributário (ou seja, seria inviável inscrever em dívida ativa antes disso, pois o crédito ainda não está definitivamente constituído). Veja, a respeito, a Súmula Vinculante 24/STF.

Outros entendem que o crédito já está constituído com a notificação do contribuinte, mas sua exigibilidade está suspensa no curso do processo administrativo em que se questiona isso (o lançamento), nos termos do art. 151, III, do CTN, inviabilizando a inscrição e cobrança.

Qualquer que seja a linha interpretativa, o fato é que não se pode inscrever e cobrar crédito antes do esgotamento da esfera administrativa (no que se refere ao questionamento tempestivo do lançamento), o que resolve o item "A" da questão.

Quanto à penalidade, há excepcional retroatividade da norma mais benéfica ao infrator (*lex mitior*), no caso de ato não definitivamente julgado, conforme o art. 106, II, do CTN, a ser citado expressamente na solução do item "B" da questão (lembre-se de indicar expressamente cada um dos itens em sua resposta, para não zerar no exame).

Aproveitamos para relembrar as hipóteses de aplicação da lei tributária a ato ou a fato pretérito, para estudo e memorização, conforme a tabela a seguir:

Aplicação da lei tributária a ato ou a fato pretérito
– lei expressamente interpretativa – art. 106, I, do CTN
– redução ou extinção de sanção (*lex mitior*) – art. 106, II, do CTN
– normas relativas à fiscalização ou ao aumento de garantias e privilégios do crédito tributário, exceto para atribuir responsabilidade tributária a terceiros – art. 144, § 1º, do CTN

(OAB- XXII Exame Unificado) Em 2015, devido a uma grande enchente que assolou o município X, foi aprovada uma lei que reabria, por um ano, o prazo de pagamento do IPTU já vencido dos contribuintes proprietários de imóveis localizados nas áreas atingidas pela enchente.

Com base nessa situação, responda aos itens a seguir.

A) Qual o nome do instituto tributário utilizado para ajudar os contribuintes das áreas mais atingidas pela enchente? Aponte o seu dispositivo legal. (Valor: 0,70)

B) A lei poderia ter delimitado a aplicação desse instituto a apenas um conjunto de sujeitos passivos, como fez neste caso, aplicando-o somente aos contribuintes das áreas mais atingidas? (Valor: 0,55)

Obs.: o examinando deve fundamentar suas respostas. A mera citação do dispositivo legal não confere pontuação.

PRÁTICA TRIBUTÁRIA – 4ª EDIÇÃO

GABARITO COMENTADO – FGV

A) O instituto é o da moratória, que é uma das modalidades de suspensão de exigibilidade do crédito tributário. Caracteriza-se por ser uma prorrogação do prazo de pagamento de tributo pelo ente competente para instituí-lo. Está previsto no Art. 151, inciso I, e nos artigos 152 a 155, todos do CTN.

B) Sim, a lei que institui a moratória pode delimitar os sujeitos passivos que dela se beneficiarão, na forma do Art. 152, parágrafo único, do CTN.

Distribuição dos pontos

ITEM	PONTUAÇÃO
A. O instituto é o da moratória (0,60), conforme o Art. 151, inciso I, OU 152 a 155, todos do CTN (0,10)	0,00/0,60/0,70
B. Sim, a lei que institui a moratória pode delimitar os sujeitos passivos que serão por ela beneficiados (0,45), conforme o Art. 152, parágrafo único, do CTN (0,10).	0,00/0,45/0,55

Comentários do Autor

A ampliação do prazo para pagamento é modalidade de suspensão do crédito tributário denominada moratória, prevista no art. 151, I, e regulada pelo art. 152 e seguintes do CTN.

Essa é a solução para o item "A" da questão.

É interessante anotar que, antes do vencimento, sua data pode ser modificada por simples norma infralegal (decreto, por exemplo), sem necessidade de lei.

Entretanto, como já houve vencimento, somente por lei poderia ser concedida a moratória (em especial no que se refere a afastamento de penalidades por atraso), o que foi observado pelo Município X.

A leitura dos demais dispositivos do CTN resolve também o item "B", especificamente o art. 152, parágrafo único:

> CTN, Art. 152. (...)
>
> (...)
>
> Parágrafo único. A lei concessiva de moratória pode circunscrever expressamente a sua aplicabilidade à determinada região do território da pessoa jurídica de direito público que a expedir, ou a determinada classe ou categoria de sujeitos passivos.

A lei do Município X é adequada também nesse ponto, portanto.

8. IMPOSTOS EM ESPÉCIE

(OAB- XXI Exame Unificado) O Estado Alfa editou duas leis relativas ao Imposto sobre Circulação de Mercadorias e Serviços – ICMS. A primeira, com o objetivo de fomentar a indústria de uma determinada área e atrair contribuintes de outros Estados da Federação, concedeu redução da base de cálculo do ICMS para pessoas jurídicas que instalassem indústrias dentro daquela região, sem a deliberação dos outros Estados. A segunda, de abril de 2016, reduziu o prazo para recolhimento do ICMS.

Sobre a hipótese, responda aos itens a seguir.

A) É legítima a redução de base de cálculo concedida pela primeira lei? (Valor: 0,65)

B) A segunda lei está sujeita ao princípio da anterioridade? (Valor: 0,60)

Obs.: o examinando deve fundamentar suas respostas. A mera citação do dispositivo legal não confere pontuação.

GABARITO COMENTADO – FGV

A) Não. O Art. 155, § 2º, inciso XII, alínea g, da CRFB/88, prevê que cabe à lei complementar regular como, mediante deliberação dos Estados e do Distrito Federal, isenções, incentivos e benefícios fiscais serão concedidos. Trata-se do artigo constitucional mais importante no combate à chamada "guerra fiscal", que exige que os benefícios fiscais de ICMS sejam concedidos mediante deliberação dos Estados.

Conforme o Art. 1º, parágrafo único, inciso I, da Lei Complementar nº 24/75, os benefícios fiscais relativos ao ICMS serão concedidos ou revogados nos termos de convênios celebrados e ratificados pelos Estados e pelo Distrito Federal.

Portanto, a redução de base de cálculo concedida pela primeira lei não é legítima, uma vez que tal benefício somente poderia ter sido aprovado mediante prévia deliberação dos Estados e do Distrito Federal.

B) Não. A alteração do prazo de recolhimento, uma vez que não implica instituição ou majoração de tributos, não está sujeita ao princípio da anterioridade. Nesse sentido, é o teor da Súmula Vinculante nº 50, do Supremo Tribunal Federal: "Norma legal que altera o prazo de recolhimento de obrigação tributária não se sujeita ao princípio da anterioridade"

Distribuição dos pontos

ITEM	PONTUAÇÃO
A. Não. Os benefícios fiscais de ICMS só podem ser concedidos por deliberação dos Estados e do Distrito Federal (0,45), nos termos do Art. 155, § 2º, inciso XII, alínea g, da CRFB/88 (0,10) e do Art. 1º, parágrafo único, inciso I, da Lei Complementar nº 24/75 (0,10)	0,00/0,45/0,55/0,65
B. Não. Como a alteração do prazo de recolhimento não implica na majoração ou criação de tributos, não está sujeita ao princípio da anterioridade (0,50), nos termos da Súmula Vinculante nº 50 do STF (0,10).	0,00/0,50/0,60

Comentários do Autor

A descrição do problema deixa clara a intenção do Estado Alfa em atrair contribuintes para seu território por meio de benefícios fiscais de ICMS. Isso, evidentemente, em prejuízo de outros Estados da Federação.

Essa é a característica básica da chamada guerra fiscal do ICMS, que acaba por causar prejuízos e ineficiências ao sistema tributário e à economia nacional, daí porque, apesar da competência de Estados e Distrito federal para legislar sobre o tributo em seus respectivos territórios, o constituinte impôs que os benefícios fiscais de ICMS não podem ser concedidos unilateralmente.

É o que dispõe o art. 155, § 2º, XII, *g*, da CF, que deve ser consultado e transcrito expressamente na resposta:

CF – Art. 155, § 2º, XII - cabe à lei complementar:

PRÁTICA TRIBUTÁRIA – 4ª EDIÇÃO

(...)

g) regular a forma como, mediante deliberação dos Estados e do Distrito Federal, isenções, incentivos e benefícios fiscais serão concedidos e revogados.

(...)

A lei complementar a que se refere o dispositivo constitucional é a LC 24/1975, que regula os convênios interestaduais para concessão desses benefícios, no âmbito do Conselho Nacional de Política Fazendária – Confaz.

Por essa razão, a redução de base de cálculo pelo Estado Alfa é inválida, em resposta ao item "A" da questão.

Quanto ao item "B", é importante destacar que a simples alteração da data de vencimento dos tributos não é considerada majoração, podendo ser inclusive veiculada por norma infralegal.

Pela mesma razão, a alteração da data de vencimento, inclusive a antecipação, não implica majoração de tributo, nem tampouco se sujeita à anterioridade anual ou nonagesimal, entendimento consolidado pela Súmula Vinculante 50/STF:

> Norma legal que altera o prazo de recolhimento de obrigação tributária não se sujeita ao princípio da anterioridade.

Lembre-se de indicar expressamente todos os dispositivos constitucional e legais aplicáveis, além das Súmulas que fundamentem sua resposta, indicando também expressa e claramente cada item de sua resposta.

(OAB- XX Exame Unificado) Em janeiro de 2014, a pessoa jurídica XYZ Ltda., com sede no Município "A", prestou serviço de decoração e jardinagem no Município "C" e não recolheu o Imposto sobre Serviços de Qualquer Natureza (ISS). No entanto, em julho do mesmo ano, a empresa foi surpreendida com a cobrança administrativa do imposto pelos dois entes tributantes – pelo município "A" e pelo município "C".

Sobre a hipótese, responda aos itens a seguir.

A) A qual município o ISS é devido? (Valor 0,65)

B) Caso o contribuinte ajuíze ação consignatória com o depósito do montante integral, visando solucionar o conflito de competência entre os municípios "A" e "C", os municípios poderão ajuizar execução fiscal visando à cobrança de ISS? (Valor 0,60)

Obs.: o examinando deve fundamentar suas respostas. A mera citação do dispositivo legal não confere pontuação.

GABARITO COMENTADO – FGV

A) O Art. 3º da Lei Complementar nº 116/2003 prevê que, em regra, o "serviço considera-se prestado e o imposto devido no local do estabelecimento prestador ou, na falta do estabelecimento, no local do domicílio do prestador". No entanto, o referido artigo também prevê algumas exceções, quando o imposto será devido no local da execução do serviço. Esse é o caso da prestação dos serviços de decoração e jardinagem, do corte e poda de árvores (subitem 7.11 da lista anexa - inciso VIII). Sendo assim, na hipótese descrita o imposto será devido no município "C", local da execução do serviço.

B) A ação consignatória é a ação cabível para solucionar o conflito de competência e titulariedade, uma vez que os municípios "C" e "A" estão exigindo ISS sobre o mesmo fato gerador, conforme Art. 164, inciso III, do Código Tributário Nacional. Sendo assim, considerando que o contribuinte XYZ Ltda. realizou o depósito do montante integral, o crédito tributário está suspenso, na forma do Art. 151, inciso II, do CTN. Dessa forma, considerando que o crédito está com a exigibilidade suspensa, os municípios não podem ajuizar a execução fiscal.

Distribuição dos pontos

ITEM	PONTUAÇÃO
A. O imposto será devido no **Município "C"**, local da execução do serviço (0,55), conforme o Art. 3º, inciso VIII, da LC nº 116/2003 (0,10).	0,00 / 0,55 / 0,65
B. Não, pois o contribuinte depositou o valor do montante integral (0,20), o que suspende a exigibilidade do crédito e impede o ajuizamento da execução fiscal (0,30), conforme o Art. 151, inciso II do CTN (0,10).	0,00 / 0,20 / 0,30 /0,40 / 0,50 / 0,60

Comentários do Autor

Em se tratando de ISS, o primeiro passo é rever o dispositivo constitucional que trata desse imposto municipal:

Art. 156. Compete aos Municípios instituir impostos sobre:

(...)

III – serviços de qualquer natureza, não compreendidos no art. 155, II, definidos em lei complementar.

(...)

§ 3º Em relação ao imposto previsto no inciso III do *caput* deste artigo, cabe à lei complementar

I – fixar as suas alíquotas máximas e mínimas

II – excluir da sua incidência exportações de serviços para o exterior.

III – regular a forma e as condições como isenções, incentivos e benefícios fiscais serão concedidos e revogados.

A lei complementar a que se refere a Constituição, cuja consulta resolve a maior parte das questões relacionadas ao ISS, é a LC 116/2003.

O *caput* do art. 3º define que o serviço considera-se prestado e o imposto é devido no local do estabelecimento prestador, como regra geral, sendo que seus incisos trazem uma série de exceções.

A leitura atenta desse dispositivo leva à resposta ao item "A" da questão, em seu inciso VIII:

LC 116/2003 – Art. 3º. O serviço considera-se prestado, e o imposto, devido, no local do estabelecimento prestador ou, na falta do estabelecimento, no local do domicílio do prestador, exceto nas hipóteses previstas nos incisos I a XXV, quando o imposto será devido no local:

(...)

VIII – da execução da decoração e jardinagem, do corte e poda de árvores, no caso dos serviços descritos no subitem 7.11 da lista anexa;

(...)

Por essa razão, o ISS correspondente ao serviço de decoração e jardinagem deve ser recolhido ao Município "C", local da prestação.

O depósito judicial do montante integral do crédito tributário suspende a exigibilidade desse crédito, nos termos do art. 151, II, do CTN.

Com a exigibilidade suspensa, não é possível realizar a inscrição em dívida ativa, muito menos a execução fiscal, que pressupõe, evidentemente, a exigibilidade do montante pelo fisco.

Esse é o fundamento para a resposta ao item "B" da questão.

PRÁTICA TRIBUTÁRIA – 4ª EDIÇÃO 54

(OAB- XIX Exame Unificado) Por vários anos, Alberto trabalhou na pessoa jurídica Alfa Ltda. Quando da rescisão de seu contrato de trabalho, a pessoa jurídica pagou a Alberto a remuneração proporcional aos dias trabalhados no curso do mês em que se deu a rescisão; e o valor equivalente a 3 (três) meses de salário, como gratificação voluntária (mera liberalidade) pelos anos de bons serviços prestados pelo ex-empregado.

Com base no caso apresentado, responda aos itens a seguir.

A) Incide o Imposto sobre a Renda (IR) sobre a remuneração proporcional aos dias trabalhados por Alberto?

(Valor 0,60)

B) Incide o Imposto sobre a Renda (IR) sobre a gratificação voluntária paga a Alberto? (Valor 0,65)

Obs.: o examinando deve fundamentar suas respostas. A mera citação do dispositivo legal não confere pontuação.

GABARITO COMENTADO – FGV

A) Sim, pois a remuneração está sujeita ao IR, uma vez que é produto do trabalho, tal como previsto no Art. 43, inciso I, do Código Tributário Nacional (CTN).

B) Sim, pois a denominação que venha a lhe dar o empregador (ou ex-empregador) não altera sua vinculação com os serviços prestados pelo empregado (ou ex-empregado), conforme previsto pelo Art. 43, § 1º, do CTN.

Distribuição dos pontos

ITEM	PONTUAÇÃO
A) Sim, pois a remuneração é produto do trabalho (0,50), conforme Art. 43, inciso I, do CTN (0,10). *Obs.: a mera citação ou transcrição do artigo não será pontuada.*	0,00/0,50/0,60
B) Sim, pois a denominação que venha a lhe dar o empregador ou ex- empregador não altera sua vinculação com os serviços prestados pelo empregado ou ex-empregado (0,55), conforme o Art. 43, § 1º, do CTN (0,10).	0,00/0,55/0,65

Comentários do Autor

Os valores pagos como contraprestação pelo trabalho, qualquer que seja sua denominação, são considerados renda, tributável portanto pelo imposto de renda, nos termos do art. 43, I, e § 1º, do CTN:

Art. 43. O imposto, de competência da União, sobre a renda e proventos de qualquer natureza tem como fato gerador a aquisição da disponibilidade econômica ou jurídica:
I – de renda, assim entendido o produto do capital, do trabalho ou da combinação de ambos;
(...)
§ 1º A incidência do imposto independe da denominação da receita ou do rendimento, da localização, condição jurídica ou nacionalidade da fonte, da origem e da forma de percepção.

(...)

55

EXERCÍCIOS PRÁTICOS

Assim, não há dúvida que a remuneração pelos dias trabalhados (renda do trabalho) sujeita-se ao IR, o que responde ao item "A" da questão.

No caso dos valores pagos por mera liberalidade, ainda que não se considere contraprestação pelo trabalho (nem renda, portanto, nos termos do art. 43, I, do CTN), é incontroverso que tais pagamentos implicam acréscimo patrimonial percebido pelo trabalhado, o que implica incidência do imposto de renda, nos termos do art. 43, II, do CTN:

> Art. 43. O imposto, de competência da União, sobre a renda e proventos de qualquer natureza tem como fato gerador a aquisição da disponibilidade econômica ou jurídica:
>
> (...)
>
> II – de proventos de qualquer natureza, assim entendidos os acréscimos patrimoniais não compreendidos no inciso anterior.
>
> (...)

O gabarito oficial da FGV indica que esse pagamento por liberalidade do empregador implicaria renda do trabalho, ainda que por outra denominação, de modo que incidência do IR decorreria do art. 43, I, e seu § 1º, do CTN.

Essa é uma intepretação válida, mas o STJ, ao tratar do assunto em recurso repetitivo, compreendeu que se trata de acréscimo patrimonial, nos termos do art. 43, II, do CTN, o que nos parece correto:

> Processual civil. Violação aos artigos 458 e 535, do CPC. Não ocorrência. Tributário. Rescisão do contrato de trabalho.
>
> Indenização por liberalidade do empregador. Natureza remuneratória. Imposto de renda. Incidência. Recurso especial representativo de controvérsia. Art. 543-c, do CPC.
>
> (...)
>
> 2. As verbas concedidas ao empregado por mera liberalidade do empregador quando da rescisão unilateral de seu contrato de trabalho implicam acréscimo patrimonial por não possuírem caráter indenizatório, sujeitando-se, assim, à incidência do imposto de renda. Precedentes: (...).
>
> 3. Recurso especial parcialmente conhecido e, nessa parte, provido.
>
> Acórdão submetido ao regime do art. 543-C do CPC e da Resolução STJ 08/2008.
>
> (REsp 1102575/MG, Rel. Ministro Mauro Campbell Marques, Primeira Seção, julgado em 23/09/2009, DJe 01/10/2009)

Assim, independente da linha interpretativa que se adote, o certo é que incide o IR também no caso de pagamento por liberalidade do empregador, o que resolve o item "B" da questão (lembre-se de indiciar expressamente cada item de cada resposta no dia do exame).

(OAB/Exame Unificado – 2015.1 – 2ª fase) O Município "M" notificou a pessoa jurídica "Z", fabricante de peças automotivas, para que efetuasse o pagamento do Imposto sobre a Transmissão *inter vivos* de Bens Imóveis (ITBI), incidente sobre a transmissão de bens decorrentes de processo de incorporação de outra pessoa jurídica. Inconformada com a cobrança, a pessoa jurídica "Z" decide apresentar impugnação. Verificando a inexistência de outros débitos, após a regular apresentação da impugnação, a pessoa jurídica "Z" requer a emissão da certidão de regularidade fiscal (no caso, Certidão Positiva de Débito com efeito de Negativa), que lhe é negada, sob o argumento de que, para a sua emissão, seria necessário o depósito do montante integral do crédito cobrado.

Diante desta situação, responda aos itens a seguir.

A) Está correto o lançamento do imposto pelo Município "M"? (Valor: 0,60)

B) A pessoa jurídica "Z" tem direito à certidão de regularidade fiscal? (Valor: 0,65)

Obs.: as respostas devem ser juridicamente justificadas.

PRÁTICA TRIBUTÁRIA – 4ª EDIÇÃO

GABARITO COMENTADO

A) Não está correto o lançamento do imposto, uma vez que o ITBI não incide sobre a transmissão de bens ou direitos incorporados ao patrimônio de pessoa jurídica em realização de capital, nem sobre a transmissão de bens ou direitos decorrentes de fusão, incorporação, cisão ou extinção de pessoa jurídica, nos termos do Art. 156, § 2º, I, da Constituição.

B) A resposta é afirmativa, uma vez que as reclamações e os recursos, nos termos das leis reguladoras do processo tributário administrativo, suspendem a exigibilidade do crédito tributário, conforme Art. 151, III, do CTN, assegurando ao contribuinte a emissão da certidão de regularidade fiscal.

DISTRIBUIÇÃO DOS PONTOS

ITEM	PONTUAÇÃO
A. Não, uma vez que o ITBI não incide sobre a transmissão de bens ou direitos decorrentes de incorporação de pessoa jurídica (0,55), nos termos do Art. 156, § 2º, I, da Constituição Federal e/ou do Art. 36, inciso II, do CTN (0,10). *Obs.: A mera citação ou transcrição do artigo não será pontuada.*	0,00/0,55/0,65
B. Sim, tendo em vista que as reclamações e recursos suspendem a exigibilidade do crédito tributário (0,30), conforme Art. 151, III, do CTN (0,10), o que assegura o direito à certidão de regularidade fiscal (0,20). Obs.: A mera citação ou transcrição do artigo não será pontuada.	0,00/0,20/0,30/ 0,40/0,50/0,60

Comentários do Autor

A primeira coisa a fazer, quando se trata de ITBI, é consultar o disposto no art. 156, que trata desse tributo:

Art. 156. Compete aos Municípios instituir impostos sobre:

(...)

II – transmissão "inter vivos", a qualquer título, por ato oneroso, de bens imóveis, por natureza ou acessão física, e de direitos reais sobre imóveis, exceto os de garantia, bem como cessão de direitos a sua aquisição;

(...)

§ 2º O imposto previsto no inciso II:

I – não incide sobre a transmissão de bens ou direitos incorporados ao patrimônio de pessoa jurídica em realização de capital, nem sobre a transmissão de bens ou direitos decorrente de fusão, incorporação, cisão ou extinção de pessoa jurídica, salvo se, nesses casos, a atividade preponderante do adquirente for a compra e venda desses bens ou direitos, locação de bens imóveis ou arrendamento mercantil;

II – compete ao Município da situação do bem.

(...)

A regra é confirmada pelo art. 36 do CTN:

Art. 36. Ressalvado o disposto no artigo seguinte, o imposto não incide sobre a transmissão dos bens ou direitos referidos no artigo anterior:

I – quando efetuada para sua incorporação ao patrimônio de pessoa jurídica em pagamento de capital nela subscrito;

II – quando decorrente da incorporação ou da fusão de uma pessoa jurídica por outra ou com outra.

(...)

A leitura do dispositivo constitucional lembra o estudante que há uma imunidade específica, que afasta o ITBI no caso de transmissão de bens ou direitos incorporados ao patrimônio de pessoa jurídica em realização de capital, e sobre a transmissão de bens ou direitos decorrentes de fusão, incorporação, cisão ou extinção de pessoa jurídica. O caso descrito é de aquisição do imóvel por conta da incorporação empresarial, de modo que há imunidade, sendo indevida a cobrança do ITBI, o que resolve o item "A" da questão.

A emissão de certidão positiva com efeito de negativa é regulada pelo art. 206 do CTN, que deve ser consultado e indicado na resposta:

Art. 206. Tem os mesmos efeitos previstos no artigo anterior a certidão de que conste a existência de créditos não vencidos, em curso de cobrança executiva em que tenha sido efetivada a penhora, ou cuja exigibilidade esteja suspensa.

Veja que a suspensão da exigibilidade do crédito garante a emissão dessa certidão.

O próximo passo é verificar os casos de suspensão da exigibilidade do crédito, que estão listadas no art. 151 do CTN, para aferir se o contribuinte atende ao requisito do art. 206.

No caso descrito pelo examinador, houve impugnação administrativa do lançamento, modalidade de suspensão do crédito, nos termos do art. 151, III, do CTN que, combinado com o art. 206 do mesmo Código, garante a emissão da certidão positiva com efeito de negativa em favor da pessoa jurídica "Z".

9. ADMINISTRAÇÃO TRIBUTÁRIA, FISCALIZAÇÃO, INSCRIÇÃO, CERTIDÕES, GARANTIAS E PRIVILÉGIOS DO CRÉDITO TRIBUTÁRIO, DIREITOS DOS CONTRIBUINTES

(OAB/Exame Unificado – 2015.3 – 2ª fase) Em dezembro de 2014, a pessoa jurídica W teve a falência decretada durante o seu processo de recuperação judicial, iniciado no mesmo ano, em virtude da não apresentação do plano de recuperação judicial no prazo previsto em lei. Considerando a ordem a ser observada na classificação dos créditos na falência, a União alegou que os créditos de Imposto sobre a Renda da Pessoa Jurídica (IRPJ) devidos pela contribuinte, relativos aos exercícios de 2011 e 2012, deveriam ser pagos antes dos créditos extraconcursais.

Diante disso, responda aos itens a seguir.

A) Está correto o argumento da União? (Valor: 0,60)

B) Após a decretação da falência, a cobrança judicial do crédito tributário pode prosseguir por meio de execução fiscal? (Valor: 0,65)

Obs.: o examinando deve fundamentar suas respostas. A mera citação do dispositivo legal não confere pontuação.

GABARITO COMENTADO

A) Não está correto o argumento da União, tendo em vista que, na falência, o crédito tributário não prefere aos créditos extraconcursais ou às importâncias passíveis de restituição, nos termos da lei falimentar, nem aos créditos com garantia real, no limite do valor do bem gravado, conforme o Art. 186, parágrafo único, I, do CTN ou Art. 84, da Lei de Falências (Lei n. 11.101/05).

PRÁTICA TRIBUTÁRIA – 4ª EDIÇÃO

B) Sim, a cobrança judicial do crédito tributário pode prosseguir por meio de execução fiscal, já que esta não é sujeita a concurso de credores ou habilitação em falência, recuperação judicial, concordata, inventário ou arrolamento, nos termos do Art. 187 do CTN.

Ademais, de acordo com o Art. 5º da Lei nº 6.830/80 E/OU Art. 76, da Lei de Falências (Lei n. 11.101/05), a competência para processar e julgar a execução da Dívida Ativa da Fazenda Pública exclui a de qualquer outro juízo, inclusive o da falência.

DISTRIBUIÇÃO DOS PONTOS

ITEM	PONTUAÇÃO
A. Não, pois, na falência, o crédito tributário não prefere aos créditos extraconcursais (0,50), nos termos do Art. 186, parágrafo único, I, do CTN OU Art. 84, da Lei de Falências (Lei n. 11.101/05) (0,10).	0,00/0,50/0,60
B1. Sim, pois a cobrança judicial do crédito tributário não está sujeita a habilitação em falência (0,25), nos termos do Art. 187 do CTN (0,10);	0,00/0,25/0,35
B2. A competência para processar e julgar a execução da Dívida Ativa da Fazenda Pública exclui a do juízo da falência (0,20), conforme o Art. 5º da Lei nº 6.830/80 E/OU Art. 76, da Lei de Falências (Lei n. 11.101/05) (0,10).	0,00/0,20/0,30

Comentários do Autor

Os **créditos extraconcursais são** basicamente aqueles surgidos no curso do processo falimentar. Esses créditos não entram no concurso de credores do processo falimentar e são pagos com precedência sobre todos aqueles indicados no art. 84 da Lei de Falências e Recuperações – LF – Lei 11.101/2005)

Os créditos extraconcursais são pagos na ordem prevista no art. 84 da LF: **(i)** remunerações devidas ao administrador judicial e seus auxiliares, e créditos derivados da legislação do trabalho ou decorrentes de acidentes de trabalho relativos a serviços prestados após a decretação da falência; **(ii)** quantias fornecidas à massa pelos credores; **(iii)** despesas com arrecadação, administração, realização do ativo e distribuição do seu produto, bem como custas do processo de falência; **(iv)** custas judiciais relativas às ações e execuções em que a massa falida tenha sido vencida; e **(v)** obrigações resultantes de atos jurídicos válidos praticados durante a recuperação judicial, nos termos do art. 67 da LF, ou após a decretação da falência, e tributos relativos a fatos geradores ocorridos após a decretação da falência, respeitada a ordem estabelecida no art. 83 da LF.

O art. 186, parágrafo único, do CTN é claro no sentido de que nem mesmo os créditos tributários (anteriores à quebra) preferem aos extraconcursais:

Art. 186. O crédito tributário prefere a qualquer outro, seja qual for sua natureza ou o tempo de sua constituição, ressalvados os créditos decorrentes da legislação do trabalho ou do acidente de trabalho.

Parágrafo único. Na falência:

I – o crédito tributário não prefere aos créditos extraconcursais ou às importâncias passíveis de restituição, nos termos da lei falimentar, nem aos créditos com garantia real, no limite do valor do bem gravado;

II – a lei poderá estabelecer limites e condições para a preferência dos créditos decorrentes da legislação do trabalho; e

III – a multa tributária prefere apenas aos créditos subordinados.

Por essa razão, está incorreto o argumento da União.

Quanto ao item "B", a jurisdição do juiz da falência não atrai as execuções fiscais, que continuam a tramitar na Vara própria, nos termos do art. 187 do CTN:

> Art. 187. A cobrança judicial do crédito tributário não é sujeita a concurso de credores ou habilitação em falência, recuperação judicial, concordata, inventário ou arrolamento.
>
> (...)

O art. 5º da Lei 6.830/1980 e o art. 76 da LF têm disposições equivalentes:

> Lei 6.830/1980 – Art. 5º - A competência para processar e julgar a execução da Dívida Ativa da Fazenda Pública exclui a de qualquer outro Juízo, inclusive o da falência, da concordata, da liquidação, da insolvência ou do inventário.
>
> LF – Art. 76. O juízo da falência é indivisível e competente para conhecer todas as ações sobre bens, interesses e negócios do falido, ressalvadas as causas trabalhistas, fiscais e aquelas não reguladas nesta Lei em que o falido figurar como autor ou litisconsorte ativo.
>
> Parágrafo único. Todas as ações, inclusive as excetuadas no **caput** deste artigo, terão prosseguimento com o administrador judicial, que deverá ser intimado para representar a massa falida, sob pena de nulidade do processo.

Aproveitando a oportunidade, veja a seguinte tabela com a ordem de classificação dos créditos na falência (art. 83 da Lei de Falências e Recuperações – LF – Lei 11.101/2005), atentando para o posicionamento dos créditos tributários:

Ordem de classificação dos créditos na falência (art. 83 da LF)
1º – os créditos derivados da legislação do trabalho, limitados a 150 (cento e cinquenta) salários-mínimos por credor, os decorrentes de acidentes de trabalho. Também os créditos equiparados a trabalhistas, como os relativos ao FGTS (art. 2º, § 3º, da Lei 8.844/1994) e os devidos ao representante comercial (art. 44, *caput*, da Lei 4.886/1965).
2º – créditos com garantia real até o limite do valor do bem gravado (será considerado como valor do bem objeto de garantia real a importância efetivamente arrecadada com sua venda, ou, no caso de alienação em bloco, o valor de avaliação do bem individualmente considerado).
3º – créditos tributários, independentemente da sua natureza e tempo de constituição, excetuadas as multas tributárias.
4º – com privilégio especial (= os previstos no art. 964 da Lei 10.406/2002; os assim definidos em outras leis civis e comerciais, salvo disposição contrária da LF; aqueles a cujos titulares a lei confira o direito de retenção sobre a coisa dada em garantia e aqueles em favor dos microempreendedores individuais e das microempresas e empresas de pequeno porte de que trata a LC 123/2006.
5º – créditos com privilégio geral (= os previstos no art. 965 da Lei 10.406/2002; os previstos no parágrafo único do art. 67 da LF; e os assim definidos em outras leis civis e comerciais, salvo disposição contrária da LF).
6º – créditos quirografários (= aqueles não previstos nos demais incisos do art. 83 da LF; os saldos dos créditos não cobertos pelo produto da alienação dos bens vinculados ao seu pagamento; e os saldos dos créditos derivados da legislação do trabalho que excederem o limite estabelecido no inciso I do *caput* do art. 83 da LF). Ademais, os créditos trabalhistas cedidos a terceiros serão considerados quirografários.
7º – as multas contratuais e as penas pecuniárias por infração das leis penais ou administrativas, inclusive as multas tributárias.
8º – créditos subordinados (= os assim previstos em lei ou em contrato; e os créditos dos sócios e dos administradores sem vínculo empregatício).

PRÁTICA TRIBUTÁRIA – 4ª EDIÇÃO

Lembre-se que os **créditos extraconcursais** (= basicamente os surgidos no curso do processo falimentar, que não entram no concurso de credores) são pagos com precedência sobre todos esses anteriormente mencionados, na ordem prevista no art. 84 da LF: **(i)** remunerações devidas ao administrador judicial e seus auxiliares, e créditos derivados da legislação do trabalho ou decorrentes de acidentes de trabalho relativos a serviços prestados após a decretação da falência; **(ii)** quantias fornecidas à massa pelos credores; **(iii)** despesas com arrecadação, administração, realização do ativo e distribuição do seu produto, bem como custas do processo de falência; **(iv)** custas judiciais relativas às ações e execuções em que a massa falida tenha sido vencida; e **(v)** obrigações resultantes de atos jurídicos válidos praticados durante a recuperação judicial, nos termos do art. 67 da LF, ou após a decretação da falência, e tributos relativos a fatos geradores ocorridos após a decretação da falência, respeitada a ordem estabelecida no art. 83 da LF.

(OAB/Exame Unificado – 2014.3 – 2ª fase) Em 2001, Caio Silva comprou um imóvel de Tício Santos. Em 2002, a Fazenda Nacional inscreveu em dívida ativa créditos decorrentes do Imposto sobre a Renda da Pessoa Física – IRPF, que em 2000 haviam sido objeto de constituição definitiva contra Tício. Em 2007, a Fazenda Nacional ajuizou execução fiscal visando à cobrança dos créditos de IRPF.

Após Tício ser citado sem garantir o Juízo, a Fazenda Nacional requereu a penhora do imóvel vendido a Caio, visto que a alienação foi realizada quando o fato gerador do IRPF já tinha ocorrido, o que a tornaria, segundo a Fazenda Nacional, fraudulenta.

A) Está correto o entendimento da Fazenda Nacional de que a alienação foi fraudulenta? **(Valor: 0,65)**

B) Qual o argumento que Tício, contribuinte do IRPF, poderia alegar em sua defesa, em eventual oposição de embargos à execução? **(Valor: 0,60)**

O examinando deve fundamentar suas respostas. A mera citação do dispositivo legal não confere pontuação.

GABARITO COMENTADO

A questão aborda dois temas importantes do direito tributário: as garantias e os privilégios do crédito tributário e a prescrição deste.

A) Na hipótese analisada, a alienação do imóvel ocorreu antes da inscrição em dívida ativa. Sendo assim, tendo em vista o disposto no Art. 185, do CTN (*"Presume-se fraudulenta a alienação ou oneração de bens ou rendas, ou seu começo, por sujeito passivo em débito para com a Fazenda Pública, por crédito tributário regularmente inscrito como dívida ativa"*), não há de se falar em presunção de fraude. Portanto, o entendimento da Fazenda Nacional não está correto: a alienação não foi fraudulenta.

B) Tício poderá alegar que os créditos cobrados na execução fiscal foram alcançados pela prescrição. Isso porque, conforme destacado no enunciado, os créditos foram constituídos em 2000. Sendo assim, a Fazenda teria até o ano de 2005, conforme previsto no Art. 174, do CTN, para cobrar os créditos tributários. No entanto, a execução fiscal somente foi ajuizada em 2007, quando os créditos já estavam prescritos.

DISTRIBUIÇÃO DOS PONTOS

ITEM	PONTUAÇÃO
A) Não. A alienação ocorreu antes da inscrição em dívida ativa e, sendo assim, não há que se falar em presunção de fraude (0,55), na forma do Art. 185, do CTN (0,10). *Obs.: A mera citação ou transcrição do artigo não pontua.*	0,00/0,55/0,65
B) Tício deve alegar que os créditos estão prescritos desde 2005 (0,50), conforme previsto no Art. 174, do CTN (0,10). *Obs.: A mera citação ou transcrição do artigo não pontua.*	0,00/0,50/0,60

Comentários do Autor

A alegação de fraude pela Fazenda sugere ao estudante a consulta ao dispositivo que trata da presunção de fraude nas alienações de bens ou rendas:

> CTN – Art. 185. Presume-se fraudulenta a alienação ou oneração de bens ou rendas, ou seu começo, por sujeito passivo em débito para com a Fazenda Pública, por crédito tributário regularmente inscrito como dívida ativa.
>
> Parágrafo único. O disposto neste artigo não se aplica na hipótese de terem sido reservados, pelo devedor, bens ou rendas suficientes ao total pagamento da dívida inscrita.

A leitura do art. 185 do CTN deixa claro que a presunção de fraude ocorre apenas após a inscrição do crédito em dívida ativa, e apenas se o credor não tiver reservado bens ou rendas suficientes para o pagamento da dívida.

Como a alienação ocorreu antes da inscrição, não há falar em presunção de fraude, nem, tampouco, penhora do imóvel vendido a Caio.

Quanto à defesa de Tício, é importante que o candidato preste muita atenção às datas e, em se tratando de lançamento ou cobrança, lembre-se sempre de conferir os prazos decadencial (para lançamento) e prescricional (para cobrança), ambos de cinco anos, contados nos termos dos arts. 173 e 174 do CTN.

No caso, o crédito foi constituído em 2000, de modo que o fisco teria até 2005 para executar, nos termos do art. 174 do CTN.

(OAB/Exame Unificado – 2014.3 – 2ª fase) O Município Z ajuizou execução fiscal em face da pessoa jurídica X para cobrança de valores de Imposto sobre Prestação de Serviços (ISS), referentes ao ano-calendário 2013, recolhidos a menor. Verificando a improcedência de referida cobrança, o contribuinte apresenta embargos à execução, nos quais se insurge contra a pretensão da Fazenda e requer que lhe seja garantida a obtenção de certidão negativa de débitos. Em garantia da execução, o contribuinte realiza o depósito do montante integral do tributo cobrado. Os embargos à execução são julgados procedentes em primeira instância e, em face da sentença, a Fazenda interpõe apelação, que aguarda julgamento pelo Tribunal.

Diante do caso apresentado, responda, fundamentadamente, aos itens a seguir.

A) O contribuinte tem direito à certidão negativa de débitos (ou à certidão positiva com efeitos de negativa) antes da sentença de primeira instância que lhe foi favorável? **(Valor: 0,80)**

B) O contribuinte, durante o curso da apelação interposta pela Fazenda, tem direito à mesma certidão? **(Valor: 0,45)**

O examinando deve fundamentar suas respostas. A mera citação do dispositivo legal não confere pontuação.

GABARITO COMENTADO

A) A certidão positiva com efeitos de negativa é cabível por força do depósito integral do montante exigido pela Fazenda na Execução Fiscal. Já a certidão negativa não é cabível, uma vez que o crédito tributário já está constituído. Isso é fruto da conjugação dos artigos 205 e 206, do Código Tributário Nacional (CTN), combinados com o Art. 151, inciso II, do mesmo Código.

B) Como o fundamento do direito do contribuinte à certidão positiva com efeitos de negativa é o depósito do montante integral do débito discutido (que não é alterado pela superveniente interposição da apelação por parte da Fazenda), o contribuinte continua tendo direito à certidão em questão.

O item B somente será pontuado se a certidão correta for identificada no item A.

DISTRIBUIÇÃO DOS PONTOS

ITEM	PONTUAÇÃO
A. No caso, o contribuinte terá direito à Certidão Positiva com Efeitos de Negativa desde o momento em que efetuou o depósito do montante integral do tributo cobrado (0,30). Não cabe a Certidão Negativa, pois o crédito tributário já está constituído (0,20). Conforme Art. 151, II, do CTN, o depósito integral suspende a exigibilidade do crédito tributário (0,10). E os artigos 205 (0,10) e 206 (0,10) do CTN asseguram, no caso, a certidão positiva com efeitos de negativa às hipóteses em que a exigibilidade do crédito esteja suspensa. *Obs.: a mera citação do artigo não pontua.*	0,00 / 0,20 / 0,30 / 0,40 / 0,50 / 0,60 / 0,70 / 0,80
B. O contribuinte terá direito à certidão positiva com efeitos de negativa também durante o curso da apelação da Fazenda (0,35), já que permanece inalterado o depósito integral do montante devido (0,10). Obs.: O item B somente será pontuado se a certidão correta for identificada no item A.	0,00 / 0,10 / 0,35 / 0,45

Comentários do Autor

A certidão negativa de débito é prevista no art. 205 do CTN.

A certidão negativa, como diz o nome, somente será emitida se não houve débito inadimplido pelo contribuinte. Ou seja, não será emitida enquanto a constituição do crédito não for afastada pelo próprio fisco (em recurso administrativo), ou pelo judiciário (por decisão judicial), ou não houver extinção desse crédito por pagamento ou outra modalidade prevista no art. 156 do CTN.

Há, entretanto, a possibilidade de emissão da certidão positiva com efeito de negativa, regulada pelo art. 206 do CTN, que deve ser consultado e indicado na resposta:

> Art. 206. Tem os mesmos efeitos previstos no artigo anterior a certidão de que conste a existência de créditos não vencidos, em curso de cobrança executiva em que tenha sido efetivada a penhora, ou cuja exigibilidade esteja suspensa.

Veja que a suspensão da exigibilidade do crédito garante a emissão dessa certidão.

Outra forma de se conseguir a certidão positiva com efeito de negativa é garantir da execução, também conforme o dispositivo transcrito. O art. 206 do CTN se refere à penhora, mas, como veremos, o depósito em dinheiro, a fiança bancária e o seguro garantia produzem o mesmo efeito.

De fato, as formas de garantia da execução são aquelas previstas no art. 9º da Lei 6.830/1980:

> Art. 9º Em garantia da execução, pelo valor da dívida, juros e multa de mora e encargos indicados na Certidão de Dívida Ativa, o executado poderá:
>
> I – efetuar depósito em dinheiro, à ordem do Juízo em estabelecimento oficial de crédito, que assegure atualização monetária;
>
> II – oferecer fiança bancária ou seguro garantia;
>
> III – nomear bens à penhora, observada a ordem do artigo 11; ou
>
> IV – indicar à penhora bens oferecidos por terceiros e aceitos pela Fazenda Pública.
>
> (...)
>
> § 3º A garantia da execução, por meio de depósito em dinheiro, fiança bancária ou seguro garantia, produz os mesmos efeitos da penhora.

No caso apresentado pelo examinador, houve depósito integral em dinheiro (que tem o mesmo efeito da penhora, conforme o § 3º), garantindo, portanto, a execução, nos termos do art. 9º, I, da Lei 6.830/1980, e dando ensejo à emissão da certidão positiva com efeito de negativa, nos termos do art. 206 do CTN.

A apelação da União é irrelevante em relação ao tema, já que o contribuinte tem direito à certidão por conta do depósito integral em dinheiro, como já visto.

10. AÇÕES TRIBUTÁRIAS

(OAB- XXII Exame Unificado) Em março de 2016, a União ajuizou execução fiscal em face da pessoa jurídica Alfa para a cobrança de créditos de Imposto sobre a Renda (IRPJ), referentes aos anos-calendários de 2013 e 2014. De acordo com o exequente, em que pese a declaração dos créditos relativos aos anos-calendários em questão, a contribuinte apenas efetuou o pagamento parcial dos tributos, sendo, dessa forma, devido o pagamento da diferença inadimplida.

Devidamente cientificada da demanda, a contribuinte, após o oferecimento de garantia, apresentou embargos à execução, objetivando sua extinção, uma vez que a União não instruiu a petição inicial com o demonstrativo de cálculo do débito, inviabilizando a ampla defesa. Alegou a contribuinte, ainda, que o crédito não poderia ser objeto de execução, eis que não foi realizado, por parte da Administração Fazendária, o prévio lançamento por meio de processo administrativo regularmente instaurado.

Em vista das alegações da pessoa jurídica Alfa, responda aos itens a seguir.

A) A execução fiscal deve ser extinta em virtude da falta do demonstrativo de cálculo do débito? (Valor: 0,65)

B) A ausência de prévio lançamento por meio de processo administrativo regularmente instaurado inviabiliza a execução do crédito? (Valor: 0,60)

Obs.: o examinando deve fundamentar suas respostas. A mera citação do dispositivo legal não confere pontuação.

PRÁTICA TRIBUTÁRIA – 4ª EDIÇÃO

GABARITO COMENTADO – FGV

A) O examinando deverá responder que a execução fiscal não deve ser extinta em virtude da falta do demonstrativo de cálculo do débito, eis que, a teor da Súmula 559 do Superior Tribunal de Justiça, em ações de execução fiscal é desnecessária a instrução da petição inicial com o demonstrativo de cálculo do débito, por tratar-se de requisito não previsto no Art. 6º da Lei nº 6.830/80.

B) O examinando deverá responder que não, uma vez que a entrega de declaração pelo contribuinte, reconhecendo o débito fiscal, constitui o crédito tributário, dispensada qualquer outra providência por parte do Fisco, conforme Súmula 436 do Superior Tribunal de Justiça.

Distribuição dos pontos

ITEM	PONTUAÇÃO
A. Não, pois o demonstrativo de cálculo do débito não é requisito legal (0,55), conforme Art. 6º da Lei nº 6.830/80 OU Súmula 559/STJ (0,10).	0,00/0,55/0,65
B. Não, pois a entrega de declaração pelo contribuinte reconhecendo débito fiscal constitui o crédito tributário (0,50), conforme a Súmula 436/STJ (0,10).	0,00/0,50/0,60

Comentários do Autor

A execução fiscal é regulada pela Lei 6.830/1980, que deve ser consultada e citada expressamente em qualquer questão que se refira a essa matéria.

A petição inicial da execução fiscal é extremamente sintética. A rigor, especialmente em se tratando de processo eletrônico, é simples reprodução dos elementos constantes da certidão e dívida ativa, conforme dispõe o art. 6º da Lei 6.830/1980:

Art. 6º A petição inicial indicará apenas:

I – o Juiz a quem é dirigida;

II – o pedido; e

III – o requerimento para a citação.

§ 1º A petição inicial será instruída com a Certidão da Dívida Ativa, que dela fará parte integrante, como se estivesse transcrita.

§ 2º A petição inicial e a Certidão de Dívida Ativa poderão constituir um único documento, preparado inclusive por processo eletrônico.

§ 3º A produção de provas pela Fazenda Pública independe de requerimento na petição inicial.

§ 4º O valor da causa será o da dívida constante da certidão, com os encargos legais.

Os elementos da inscrição em dívida ativa são aqueles do art. 202 do CTN, contidos da respectiva certidão, conforme seu parágrafo único:

Art. 202. O termo de inscrição da dívida ativa, autenticado pela autoridade competente, indicará obrigatoriamente:

I – o nome do devedor e, sendo caso, o dos corresponsáveis, bem como, sempre que possível, o domicílio ou a residência de um e de outros;

II – a quantia devida e a maneira de calcular os juros de mora acrescidos;

III – a origem e natureza do crédito, mencionada especificamente a disposição da lei em que seja fundado;

IV – a data em que foi inscrita;

V – sendo caso, o número do processo administrativo de que se originar o crédito.

Parágrafo único. A certidão conterá, além dos requisitos deste artigo, a indicação do livro e da folha da inscrição.

Veja que petição inicial da execução fiscal, portanto, deve trazer os elementos da inscrição em dívida ativa que, em relação ao valor cobrado, indica apenas a quantia devida e a maneira de calcular os juros de mora acrescidos (art. 202, II, do CTN c/c art. 6°, § 1°, da Lei 6.830/1980).

Por essa razão, a falta de demonstrativo de cálculo do débito não é fundamento para extinção da execução, entendimento consolidado pela Súmula 559/STJ:

Em ações de execução fiscal, é desnecessária a instrução da petição inicial com o demonstrativo de cálculo do débito, por tratar-se de requisito não previsto no art. 6° da Lei n. 6.830/1980.

Ademais, ainda que fosse exigida instrução da inicial com algum demonstrativo, não seria o caso de extinção da execução, pois o fisco poderia sanar esse tipo de omissão a qualquer momento antes da sentença, nos termos do art. 203 do CTN, desde que não modifique o sujeito passivo (Súmula 392/STJ).

Quanto ao item "B" da questão, em princípio, como o IR é lançado por homologação e o contribuinte não antecipou o pagamento, o fisco teria 5 anos para lançar de ofício o tributo (prazo decadencial – art. 173 do CTN), na forma do art. 149, V, do CTN.

Ocorre que o contribuinte declarou o débito, conforme descrito na questão.

Essa declaração do débito, no caso dos tributos lançados por homologação, tem o efeito do lançamento, ou seja, constitui o crédito tributário. É o entendimento consolidado na Súmula 436/STJ:

A entrega de declaração pelo contribuinte reconhecendo débito fiscal constitui o crédito tributário, dispensada qualquer outra providência por parte do fisco.

A constituição do crédito, portanto, ocorreu com as declarações feitas pelo contribuinte, em relação a cada exercício, sendo possível a imediata inscrição e execução fiscal pela União, observado o prazo prescricional do art. 174 do CTN.

PEÇAS
PRÁTICO-PROFISSIONAIS

1. INTRODUÇÃO

Antes de analisarmos as peças profissionais exigidas nos últimos Exames da OAB, são interessantes algumas palavras a respeito da evolução do tributo, a partir do fato gerador até sua extinção, das competências jurisdicionais e das autoridades fiscais.

Quando ocorre a situação da vida, descrita na hipótese de incidência tributária, há a incidência e o fato gerador.

Por exemplo, determinada norma tributária prevê que a situação de alguém ser proprietário de automóvel, no dia 1º de janeiro de cada ano, no território de determinado Estado, faz surgir a obrigação tributária, cujo objeto é o dever de o proprietário pagar 1% do valor do bem ao fisco, a título de IPVA. Essa é a **hipótese de incidência**.

Imagine que José, domiciliado nesse mesmo Estado, é proprietário de determinado veículo automotor no dia 1º de janeiro deste ano. Essa situação encaixa-se perfeitamente na hipótese de incidência (subsume-se a ela). Trata-se do **fato gerador** *em concreto*, pois houve incidência tributária, e surgiu a obrigação de José (sujeito passivo – contribuinte) pagar 1% do valor de seu automóvel ao fisco (sujeito ativo) a título de IPVA.

Ocorre que, peculiarmente, essa obrigação tributária, que surge infalivelmente com a ocorrência do fato gerador, não é exigível até que seja realizado o **lançamento tributário**. Somente nesse momento, com o lançamento, é que passa a existir **crédito tributário**, ou seja, a obrigação passa a ser líquida e exigível.

O normal é que José pague o valor do IPVA, **extinguindo o crédito tributário**. Caso não o faça, o crédito, após o prazo para recurso administrativo ou após o término do processo correspondente, será **inscrito em dívida ativa**. A certidão de dívida ativa – CDA é título executivo judicial, que dá ensejo à **execução fiscal**.

1.1. PRINCIPAIS PEÇAS EXIGIDAS NO EXAME DA OAB

Com essas informações básicas, já é possível reconhecermos as principais peças profissionais que são elaboradas pelo advogado e que, portanto, podem ser exigidas no Exame da OAB:

Peça profissional (petições)	Cabimento
Ação declaratória de inexistência da obrigação tributária	Antes do lançamento tributário.
Anulatória do lançamento (ou Declaratória de nulidade do lançamento)	Após o lançamento tributário.
Mandado de segurança preventivo	Antes do lançamento, desde que não haja necessidade de dilação probatória. Cabe também para declarar o direito à compensação tributária.
Mandado de segurança repressivo	Após o lançamento, desde que respeitado o prazo de 120 dias a partir do ato coator e que não haja necessidade de dilação probatória. Cabe também contra outros atos ilegais de autoridade fiscal (apreensão de mercadoria, cassação de registro, fechamento de estabelecimento etc.)
Ação de consignação em pagamento	Quando o sujeito passivo quer pagar, mas o fisco recusa-se injustificadamente a receber, ou impossibilita o pagamento por meio de exigência indevida, ou ainda quando há mais de um ente exigindo tributo em relação ao mesmo fato gerador.
Ação de repetição de indébito	Após o pagamento indevido de tributo.
Embargos à execução fiscal	Após a garantia do juízo na execução fiscal.
Medida Cautelar	Em matéria tributária, vem sendo utilizada apenas para emprestar efeito suspensivo ou antecipar os efeitos de determinados recursos.
Apelação	Recurso contra a sentença.
Agravo de Instrumento	Recurso contra decisão interlocutória, endereçado ao Tribunal superior em relação ao órgão jurisdicional que prolatou a decisão impugnada.
Agravo Interno ou Regimental	Recurso contra decisão monocrática no âmbito de Tribunal, endereçado ao órgão colegiado competente.
Recurso Especial	Recurso contra o acórdão do Tribunal, em relação à matéria federal.
Recurso Extraordinário	Recurso contra a decisão em única ou última instância, em relação à matéria constitucional.

1.2. COMPETÊNCIA JURISDICIONAL

Quanto à competência jurisdicional e ao endereçamento da petição, veja o seguinte quadro:[1]

Ações – Recursos	Tributos Federais	Tributos Estaduais	Tributos Municipais
Declaratória, Anulatória, Cautelar Consignação e Repetição. Mandado de Segurança.	*Juiz Federal de uma das Varas da Subseção Judiciária* do domicílio do autor1, do local do ato ou fato que deu origem à demanda, ou do local da coisa.	*Juiz de Direito de uma das Varas da Fazenda Pública da Comarca.* Não havendo Vara especializada, o processo tramitará perante o *Juiz de Direito de uma das Varas Cíveis da Comarca.*	*Juiz de Direito de uma das Varas da Fazenda Pública da Comarca.* Não havendo Vara especializada, o processo tramitará perante o *Juiz de Direito de uma das Varas Cíveis da Comarca.*
Execução fiscal e Embargos – no domicílio tributário do executado, em regra, mesmo quando não há Justiça Federal, para os casos de tributos da União. O domicílio para fins de cobrança pode ser o local do fato gerador, no caso do art. 127, § 2º, do CTN.	*Juiz Federal de uma das Varas de Execução Fiscal da Subseção Judiciária* do domicílio do executado. Se não houver Vara especializada, corre na Vara Federal comum, perante o *Juiz Federal de uma das Varas da Subseção Judiciária.* Se não houver Justiça Federal no domicílio do executado corre perante o *Juiz de Direito do Anexo Fiscal da Comarca* (Justiça Estadual – CF, art. 109, § 3º, e Lei 5.010/66, art. 15)	*Juiz de Direito de uma das Varas do Anexo Fiscal da Comarca.* Há denominações diferentes em determinadas Comarcas (na Comarca de São Paulo, as execuções correm perante o *Juiz de Direito do Setor de Execuções Fiscais da Fazenda Pública*).	*Juiz de Direito de uma das Varas do Anexo Fiscal da Comarca.* Há denominações diferentes em determinadas Comarcas (na Comarca de São Paulo, as execuções correm perante o *Juiz de Direito do Setor de Execuções Fiscais da Fazenda Pública*).
Embargos infringentes (*embarguinhos do art. 34 da Lei 6.830/80*) contra sentença em execução ou embargos referente a valores até 50 (OTNs)	Ao próprio Juiz da 1ª instância (igual acima)	Ao próprio Juiz da 1ª instância (igual acima)	Ao próprio Juiz da 1ª instância (igual acima)
Apelação (interposta perante o Juiz de 1ª instância) e Agravo de Instrumento	Turma do Tribunal Regional Federal	Câmara do Tribunal de Justiça do Estado	Câmara do Tribunal de Justiça do Estado
Recurso Especial (interposto no Tribunal de origem – *a quo*)	Turma do Superior Tribunal de Justiça	Turma do Superior Tribunal de Justiça	Turma do Superior Tribunal de Justiça
Recurso Extraordinário (interposto no Tribunal de origem – *a quo*)	Turma do Supremo Tribunal Federal	Turma do Supremo Tribunal Federal	Turma do Supremo Tribunal Federal

---

1. Veja o comentário quanto ao domicílio do autor ou do réu após esta tabela.

A rigor, as ações fundadas em direito pessoal em geral são propostas no foro do domicílio do réu (art. 46 do CPC). Perceba, entretanto, que, em matéria tributária, o domicílio do réu normalmente coincide com o do autor.

Isso porque o domicílio tributário do contribuinte será sempre dentro do território do ente tributante.

Imagine que você é contribuinte do IPTU de São Paulo e eleja, como domicílio fiscal, o Município do Rio de Janeiro. Nessa hipótese, a eleição do domicílio será recusada por São Paulo (art.127, § 2º, do CTN), pois dificultaria a cobrança (São Paulo jamais executaria o contribuinte no Rio de Janeiro...). A recusa significa que o domicílio do contribuinte ou do responsável será o local da situação dos bens ou da ocorrência dos atos ou fatos que deram origem à tributação (art. 127, § 1º, do CTN). Assim, nesse exemplo, o domicílio do contribuinte seria, necessariamente, São Paulo (domicílio do réu = domicílio do autor).

Nessa hipótese, não nos parece que o juiz do Rio de Janeiro seria competente para julgar anulatória relacionada a IPTU do Município de São Paulo.

O mesmo vale para os Estados e para a União (que tem repartições em todo o território nacional, onde quer que haja varas federais).

Uma hipótese excepcional em que não há essa coincidência é a de apreensão de mercadorias.

Por exemplo: a sede de determinada empresa é em São Paulo, mas sua mercadoria é apreendida pelo fisco do Amazonas. Não nos parece razoável defender que a competência para eventual ação ordinária (ou MS) seja em São Paulo (domicílio do autor), até porque o processo seria muitíssimo demorado (com cartas precatórias etc.). Talvez por isso não haja, na prática, jurisprudência relevante para essa hipótese (não se entra com ação no domicílio do autor, nesses casos).

No exemplo da apreensão de mercadoria, vale a regra do local do ato ou fato que deu origem à demanda, ou do local da coisa.

Outra hipótese de possível divergência entre domicílio do autor e do réu é de lançamento completamente errado. Por exemplo, o Município de Aracaju faz o lançamento de IPTU totalmente errado contra alguém domiciliado em Cuiabá, que não tem nenhum imóvel em Sergipe. Nesse caso, aplica-se, em tese, a regra do domicílio do réu (Aracaju), embora pareça injusta (já que o cidadão de Cuiabá é vítima do erro cometido por Aracaju), mas desconhecemos jurisprudência nos Tribunais superiores.

Havia Estados que defendiam que seu domicílio era na capital. Por essa razão, há precedentes do STJ no sentido de que a anulatória pode (é possibilidade, não imposição) ser proposta no domicílio do contribuinte (autor, portanto, não do réu), muito embora o domicílio do contribuinte fosse, via de regra, dentro do território do Estado-réu.

A rigor, parece-nos há um erro de premissa dos Estados nessas demandas: seu domicílio para fins fiscais não é na capital, mas no local da repartição no domicílio do contribuinte (arts. 127, III, e 159 do CTN, por analogia) de modo que, mais uma vez, o domicílio do autor coincide com o do réu (veja, por exemplo, o REsp 49.457/PR).

De qualquer forma, o candidato não deve se preocupar tanto, para fins de exame da OAB, pois a ação será, em regra, proposta no domicílio da autoridade fiscal (réu), que coincidirá com o domicílio tributário do autor (reveja o art. 127 do CTN) ou, excepcionalmente, local do ato coator (onde a mercadoria foi apreendida, por exemplo).

1.2.1. JUIZADOS ESPECIAIS DA FAZENDA PÚBLICA

Ainda em relação à competência jurisdicional, é interessante anotarmos a competência dos **Juizados Especiais da Fazenda Pública**, que é absoluta nos foros em que estiverem instalados, nos termos do art. 2º, § 4º, da Lei 12.153/2009.

Talvez por depender de instalação e regulamentação em cada Estado da Federação, além do Distrito Federal, nem sempre havendo uniformidade, a OAB não tem exigido indicação desse juizado em seus gabaritos oficiais.

De qualquer forma, é interessante lembrar que cabem **algumas** ações tributárias perante o Juizado Especial da Fazenda Pública, desde que:

– a causa seja de valor até 60 (sessenta) salários mínimos (art. 2º, *caput*, da Lei 12.153/2009) – em 2018 esse valor é de R$ 57.240,00 – lembre-se de conferir sempre, pois aumenta todo ano;

– o autor seja pessoa física, admitindo-se pessoas jurídicas **apenas** se forem microempresas ou empresas de pequeno porte, conforme definido pela LC 123/2006 (art. 5º, I, da Lei 12.153/2009);

– NÃO seja mandado de segurança ou execução fiscal (e respectivos embargos) – lembre-se disso, não cabem mandados de segurança ou execuções fiscais perante o juizado especial da fazenda pública;

– NÃO se trate de demanda de maior complexidade, embora haja muito debate sobre esse requisito, sua aplicabilidade ao juizado especial da fazenda pública e sua extensão – art. 3º da Lei 9.099/1995 c/c art. 27 da Lei 12.153/2009.

A rigor, essa competência jurisdicional não altera os modelos de peça, exceto, evidentemente, no endereçamento, que será: "Juiz de Direito de uma das Varas do Juizado Especial da Fazenda Pública da Comarca de ....".

1.3. AUTORIDADE IMPETRADA NO MANDADO DE SEGURANÇA

O mandado de segurança é regulado pela Lei 12.016/2009.

É importante lembrarmo-nos das autoridades que normalmente ocupam o polo passivo do Mandado de Segurança (autoridade coatora):

	Tributos Federais	Tributos Estaduais	Tributos Municipais
Autoridade Coatora – Autoridade competente para o lançamento (ou autuação), aquela que pode impedir ou reverter o ato ilegal.	**Delegado da Receita Federal** local, **Inspetor da Alfândega** local, quando se tratar de tributo aduaneiro.	**Delegado Regional Tributário**, ou autoridade equivalente.	**Diretor do Departamento de Rendas Municipais**, ou autoridade equivalente.

1.4. REQUISITOS DA PETIÇÃO INICIAL

Para a confecção de **petições iniciais**, é essencial que o candidato **leia atentamente o art. 319 do CPC**, que lista as informações que devem constar da peça.

É uma ótima maneira para não esquecer nada!

Eis o dispositivo legal [nossas observações entre colchetes]:

PRÁTICA TRIBUTÁRIA – 4ª EDIÇÃO

Art. 319. A petição inicial indicará:

I – o juízo a que é dirigida;

II – os nomes, os prenomes, o estado civil, a existência de união estável, a profissão, o número de inscrição no Cadastro de Pessoas Físicas ou no Cadastro Nacional da Pessoa Jurídica, o endereço eletrônico, o domicílio e a residência do autor e do réu;

III – o fato e os fundamentos jurídicos do pedido;

IV – o pedido com as suas especificações **[aquilo que se espera que o Juiz determine ou declare, por exemplo, conforme art. 322 e seguintes do CPC]**;

V – o valor da causa **[conforme art. 292 do CPC. No Exame da OAB, muitas vezes não podemos identificar o valor da causa, mas vale indicar a regra do art. 292 aplicável]**;

VI – as provas com que o autor pretende demonstrar a verdade dos fatos alegados **[lembre-se que a prova documental deve instruir a inicial – arts. 320 e 434 do CPC – e que não cabe dilação probatória no caso de mandado de segurança]**;

VII – a opção do autor pela realização ou não de audiência de conciliação ou de mediação.

§ 1º Caso não disponha das informações previstas no inciso II, poderá o autor, na petição inicial, requerer ao juiz diligências necessárias a sua obtenção.

§ 2º A petição inicial não será indeferida se, a despeito da falta de informações a que se refere o inciso II, for possível a citação do réu.

§ 3º A petição inicial não será indeferida pelo não atendimento ao disposto no inciso II deste artigo se a obtenção de tais informações tornar impossível ou excessivamente oneroso o acesso à justiça.

Quanto ao relato **dos fatos**, devem ser reproduzidos na petição os eventos narrados pelo examinador, até porque o candidato deve se ater estritamente a eles, sob pena de anulação da prova. Lembre-se de adaptar o texto (por exemplo, ao invés de José, diga *autor, apelante, impetrante* etc.).

Perceba que a **causa de pedir** (*causa petendi*) não é a simples indicação do dispositivo legal ou constitucional aplicável, mas sim a **aplicação da norma ao caso concreto, que leva ao reconhecimento do direito pleiteado**.

Lembre-se que a **prova documental deve instruir a petição inicial**, nos termos do art. 320 do CPC.

1.5. RECURSOS

Para os **recursos**, leia os dispositivos do CPC aplicáveis a cada um deles, especialmente:

a) apelação – arts. 1.009 a 1.014 do CPC;

b) agravo de instrumento – arts. 1.015 a 1.020 do CPC;

c) agravo interno – art. 1.021 do CPC;

d) embargos de declaração – arts. 1.022 a 1.026 do CPC;

e) recurso ordinário – arts. 1.027 e 1.028 do CPC;

f) recurso extraordinário e recurso especial – arts. 1.029 a 1.035 do CPC (nesse caso, leia também dos dispositivos da CF – arts. 102, III, e 105, III);

g) agravo em recurso especial e em recurso extraordinário – art. 1.042 do CPC;

h) embargos de divergência – arts. 1.043 e 1.044 do CPC.

1.6. JAMAIS INVENTAR DADOS – JAMAIS IDENTIFICAR A PEÇA

Muitíssimo importante: no Exame da OAB, **não assine a petição**, nem aponha qualquer sinal que possa ser considerado identificativo (iniciais, rubrica, símbolos etc.), sob pena de anulação da prova.

Isso significa também que o candidato **não pode inventar nenhum dado** que não tenha sido fornecido pelo examinador, como nome das partes, RG, CNPJ, endereços, número de registro na OAB do advogado etc.

Quando necessário, coloque "..." ou "XXX" para indicar os dados de que não disponha. Por exemplo, "Advogado..." ou "Advogado XXX", "Município..." ou "Município XXX".

Repetimos: jamais invente nomes ou outros dados, jamais coloque na sua peça qualquer informação não relacionada com o problema, que poderia ser considerado identificação do candidato.

1.7. FUNDAMENTAÇÃO – SILOGISMO

Com relação à fundamentação da peça, atente-se para uma regra clássica: o **silogismo**.

Relate os fatos (premissa menor), faça referência ao direito aplicável (premissa maior) e conclua a respeito do direito de seu cliente.

Alguns exemplos:

1. FATO [premissa menor]: José pagou tributo indevido;

2. DIREITO [premissa maior]: quem paga tributo indevido tem direito à restituição, independentemente de comprovação de erro ou de prévio protesto – art. 165 do CTN;

3. CONCLUSÃO: **logo, José tem direito à restituição do tributo indevidamente pago.**

1. FATO [premissa menor]: o delegado regional tributário determinou a retenção de mercadoria de ABC Ltda., por falta de pagamento do tributo;

2. DIREITO [premissa maior]: é vedada a apreensão de mercadoria, com o intuito de impelir o contribuinte a pagar tributo, nos termos da Súmula 323/STF. O ato coator de autoridade pode ser afastado por mandado de segurança;

3. CONCLUSÃO: **logo, houve ato coator ilegal e deve ser concedida a segurança para que ABC Ltda. tenha sua mercadoria imediatamente liberada.**

1. FATO [premissa menor]: o Tribunal de Justiça decidiu que o inadimplemento da empresa gerou a responsabilidade tributária de Antônio, sócio-gerente, nos termos do art. 135 do CTN;

2. DIREITO [premissa maior]: a jurisprudência do STJ é pacífica no sentido de que o simples inadimplemento não implica responsabilidade do sócio-gerente, prevista no art. 135 do CTN. Cabe reforma do acórdão por meio de Recurso Especial, quando há ofensa à legislação federal;

3. CONCLUSÃO: **logo, o acórdão recorrido deve ser reformado, pois Antônio não pode ser responsabilizado pelo pagamento do tributo.**

PRÁTICA TRIBUTÁRIA – 4ª EDIÇÃO

Lendo assim, parece evidente, mas todos nós corremos o risco de, na pressa ou por desatenção, deixarmos de atender ao imperativo lógico da argumentação.

Ademais, há casos em que as premissas são muito mais complexas e, no decorrer do esforço argumentativo, o advogado esquece-se de conectá-las e de fechar o raciocínio silogístico.

Para evitar isso, há uma única solução: prestar muita atenção e praticar, praticar, praticar, praticar, praticar...

2. PEÇAS PRÁTICO-PROFISSIONAIS

(OAB- XXIII Exame Unificado) O partido político XYZ, cuja sede está no Município Alfa (capital do Estado "X"), tem quatro imóveis localizados no mesmo município, dos quais um é utilizado para sua sede, um é utilizado para abrigar uma de suas fundações e os outros dois são alugados a particulares, sendo certo que o valor obtido com os aluguéis é revertido para as atividades do próprio partido político XYZ.

O administrador de XYZ, por precaução e temendo incorrer em uma infração fiscal, pagou o Imposto sobre a Propriedade Predial e Territorial Urbana (IPTU) atinente aos quatro imóveis. Poucos dias depois, descobriu que havia cometido um grande equívoco e procurou um escritório de advocacia.

Nesse contexto, considerando que o administrador contratou você, como advogado(a), para patrocinar a causa do partido político XYZ, redija a medida judicial adequada para reaver em pecúnia (e não por meio de compensação) os pagamentos efetuados indevidamente. (Valor: 5,00)

Obs.: A peça deve abranger todos os fundamentos de Direito que possam ser utilizados para dar respaldo à pretensão. A simples menção ou transcrição do dispositivo legal não pontua

GABARITO COMENTADO – FGV

O examinando deverá elaborar petição inicial de uma Ação de Repetição de Indébito que contemple pedido de restituição do valor pago indevidamente (Ação de Procedimento Comum), a ser endereçada ao Juízo da Vara com atribuição fazendária da Comarca da Capital do Estado "X". A parte autora será o partido político XYZ e, a parte ré, o Município Alfa.

No mérito, o(a) examinando(a) deverá mencionar que a imunidade abarca todos os imóveis pertencentes ao partido XYZ. Como fundamentos, o examinando deverá indicar que, de acordo com o Art. 150, inciso VI, alínea *c* e § 4º, da CRFB/88, o partido XYZ é instituição imune, tendo pago indevidamente o IPTU referente à sua sede, à sua fundação e também aos dois imóveis cuja receita do aluguel é revertida para as atividades do partido, fazendo jus à restituição dos valores pagos indevidamente (Art. 165 do CTN).

Além disso, o(a) examinando(a) deverá apontar que se trata de entendimento consolidado pelo Supremo Tribunal Federal na Súmula 724, que passou a ter efeito vinculante aos órgãos do judiciário e da Administração Pública direta e indireta nas esferas federal, estadual e municipal por meio da publicação da Súmula Vinculante 52 ("Ainda quando alugado a terceiros, permanece imune ao IPTU o imóvel pertencente a qualquer das entidades referidas pelo Art. 150, inciso VI, alínea c, da CRFB/88, desde que o valor dos aluguéis seja aplicado nas atividades para as quais tais entidades foram constituídas").

Por fim, o(a) examinando(a) deverá formular pedido de acordo com as peculiaridades típicas da ação de repetição de indébito, respeitando as normas de fechamento de peças.

Distribuição dos pontos

ITEM	PONTUAÇÃO
01) Endereçamento: Juízo da causa: Juízo da Vara com competência fazendária da Comarca da Capital do Estado "X" (0,10).	0,00/0,10
02) Partes: Parte Autora: Partido Político XYZ (0,10) e Parte Ré: Município Alfa (0,10).	0,00/0,10/0,20
03) Breve descrição dos fatos e cabimento da ação: **3.a.** O autor efetuou o pagamento indevido dos tributos (0,10),	0,00/0,10
3.b. É cabível a repetição/restituição dos valores pagos indevidamente (0,10), com base noart. 165, inciso I, do CTN (0,10).	0,00/0,10/0,20
04) Tempestividade: Tempestividade da ação de repetição de indébito (0,10), conforme art. 168, I do CTN (0,10).	0,00/0,10/0,20
Fundamentos:	
05) **5.a.** Os imóveis do partido político são abrangidos por imunidade constitucional (0,40), conforme Art. 150, inciso VI, alínea "c" **e** § 4º, da CRFB/88 (0,10).	0,00/0,40/0,50
5.b. Trata-se de imposto incidente sobre o patrimônio (IPTU) (0,30) relacionado às finalidades essenciais da instituição (0,40).	0,00/0,30/0,40/0,70
06) Em face da imunidade, foi indevido o pagamento do IPTU referente à sede do partido XYZ e à sua fundação **OU** aos imóveis utilizados pelo partido (0,50).	0,00/0,50
07) É assegurada a imunidade do IPTU a imóveis alugados a terceiros quando o valor dos alugueis for aplicado nas atividades essenciais da instituição (0,70), conforme Súmula 724 do STF **OU** Súmula Vinculante nº 52 do STF (0,10).	0,00/0,70/0,80
Pedidos:	
08) Condenação do réu à restituição do valor pago indevidamente (0,30), atualizado/corrigido **OU** com a incidência de juros e correção monetária **OU** acrescido dos encargos legais (0,20), de acordo com o Art. 167 do CTN **OU** Súmula 162 do STJ **OU** Súmula 188 do STJ (0,10).	0,00/0,30/0,40/0,50/0,60
09) Condenação do réu ao ressarcimento das custas processuais (0,10) e ao pagamento dos honorários advocatícios (0,20), nos termos do Art. 85, § 3º, do CPC/15 (0,10). **OU** Condenação do réu ao pagamento das verbas/encargos/ônus sucumbenciais (0,30),nos termos do Art. 85, § 3º, do CPC/15 (0,10).	0,00/0,10/0,20/ 0,30/0,40
10) Indicação das provas a serem produzidas (0,10), conforme Art. 319, inciso VI, do CPC/15 (0,10).	0,00/0,10/0,20
11) Opção pela realização ou não de audiência de conciliação/mediação (0,20), segundo o Art. 319, inciso VII, do CPC/15 (0,10), **OU** indicação do não cabimento de conciliação/mediação (0,20), nos termos do Art. 334 § 4º, inciso II do CPC/15 (0,10).	0,00/0,20/0,30

PRÁTICA TRIBUTÁRIA – 4ª EDIÇÃO

| **12)** Indicação do valor da causa (0,10). | 0,00/0,10 |
| **13) Fechamento**: Data, local, advogado, OAB... (0,10). | 0,00/0,10 |

MODELO: PETIÇÃO INICIAL DE AÇÃO DE REPETIÇÃO DE INDÉBITO

Excelentíssimo Senhor Doutor Juiz de Direito da Vara da Fazenda Pública da Comarca de Alfa – Estado X

2

PARTIDO POLÍTICO XYZ, endereço eletrônico (...), domiciliado em (...), Município Alfa, Estado "X", por seu advogado que assina esta petição (procuração em anexo), com escritório para recebimento de intimações na (endereço – art. 77, V, do CPC) vem, respeitosamente, propor contra o Município Alfa, cujo procurador pode ser localizado no (endereço), a presente

AÇÃO DE REPETIÇÃO DE INDÉBITO TRIBUTÁRIO

nos termos do artigo 165 do Código Tributário Nacional, pelas razões a seguir aduzidas:

1. DOS FATOS[3]

O autor,[4] cuja sede está no Município Alfa (capital do Estado "X"), tem quatro imóveis localizados no mesmo município, dos quais um é utilizado para sua sede, um é utilizado para abrigar uma de suas fundações e os outros dois são alugados a particulares, sendo certo que o valor obtido com os aluguéis é revertido para as atividades do próprio autor (documentação em anexo – arts. 320 e 434 do CPC).

O administrador do autor, por precaução e temendo incorrer em uma infração fiscal, pagou o Imposto sobre a Propriedade Predial e Territorial Urbana (IPTU) atinente aos quatro imóveis. Poucos dias depois, descobriu que havia cometido um grande equívoco, razão pela qual se propõe a presente ação (documentação em anexo – arts. 320 e 434 do CPC). [5]

2. DO CABIMENTO DA AÇÃO E DA TEMPESTIVIDADE [6]

Quem paga tributo indevido tem direito à restituição, independentemente de comprovação de erro ou de prévio protesto, nos termos do art. 165 do CTN:

---

2. Deixe espaço de aproximadamente 10 cm
3. Lembre-se: não invente dados, atenha-se ao que está na questão, ou poderá ser considerada identificação da peça!
4. Não se esqueça de substituir o nome por "autor"
5. Lembre-se que a prova documental deve instruir a inicial.
6. Como os espelhos de correção da OAB costumam exigir manifestação expressa a respeito do cabimento e da tempestividade, sugerimos destacar em tópico próprio

Art. 165. O sujeito passivo tem direito, independentemente de prévio protesto, à restituição total ou parcial do tributo, seja qual for a modalidade do seu pagamento, ressalvado o disposto no § 4º do artigo 162, nos seguintes casos:

I – cobrança ou pagamento espontâneo de tributo indevido ou maior que o devido em face da legislação tributária aplicável, ou da natureza ou circunstâncias materiais do fato gerador efetivamente ocorrido;

II – erro na edificação do sujeito passivo, na determinação da alíquota aplicável, no cálculo do montante do débito ou na elaboração ou conferência de qualquer documento relativo ao pagamento;

III – reforma, anulação, revogação ou rescisão de decisão condenatória.

Como veremos a seguir, esta é situação do autor.

O IPTU é tributo direto, ou seja, sua natureza jurídica não admite o repasse do ônus econômico para terceiros, sendo inaplicável, portanto, o requisito do art. 166 do CTN.

Ademais, o prazo para ajuizamento da ação de repetição é de 5 (cinco) anos, contados da extinção do crédito, nos termos do art. 168, I, do CTN:

Art. 168. O direito de pleitear a restituição extingue-se com o decurso do prazo de 5 (cinco) anos, contados:

I – nas hipótese dos incisos I e II do artigo 165, da data da extinção do crédito tributário;

II – na hipótese do inciso III do artigo 165, da data em que se tornar definitiva a decisão administrativa ou passar em julgado a decisão judicial que tenha reformado, anulado, revogado ou rescindido a decisão condenatória.

No caso dos autos, o tributo foi indevidamente recolhido em ("data de recolhimento") conforme as guias em anexo, o que comprova a tempestividade.

3. DO DIREITO

É sabido que há imunidade em favor dos partidos políticos e suas fundações, nos termos do art. 150, VI, *c*, da CF:

Art. 150. Sem prejuízo de outras garantias asseguradas ao contribuinte, é vedado à União, aos Estados, ao Distrito Federal e aos Municípios:

(...)

VI – instituir impostos sobre:

(...)

c) patrimônio, renda ou serviços dos partidos políticos, inclusive suas fundações, das entidades sindicais dos trabalhadores, das instituições de educação e de assistência social, sem fins lucrativos, atendidos os requisitos da lei;

(...)

§ 4º As vedações expressas no inciso VI, alíneas "b" e "c", compreendem somente o patrimônio, a renda e os serviços, relacionados com as finalidades essenciais das entidades nelas mencionadas.

Ademais, essa imunidade abrange todo o patrimônio, a renda e os serviços relacionados com suas finalidades essenciais, conforme o § 4º desse art. 150 da CF, acima transcrito.

Os imóveis em discussão são da autora, conforme documentação do registro imobiliário em anexo.

O IPTU é tributo que incide sobre o patrimônio, afastado pela imunidade, portanto, nos termos do art. 150, VI, *c*, e § 4°, da CF.

Dessa forma, o recolhimento do tributo pelo autor foi indevido.

É importante destacar que todos os imóveis são relacionados com a finalidade essencial do partido.

Dois deles são ocupados pelo próprio partido e uma de suas fundações. Outros dois são alugados a terceiros, mas as rendas são totalmente revertidas para a atividade do autor, o que implica imunidade, conforme jurisprudência pacífica, consolidada pelo Egrégio Supremo Tribunal Federal na Súmula 724/STF e na Súmula Vinculante 52/STF, de observância obrigatória por todos os órgãos do Judiciário e da administração pública, nos termos do art. 103-A da Constituição Federal:

> Súmula 724/STF. Ainda quando alugado a terceiros, permanece imune ao IPTU o imóvel pertencente a qualquer das entidades referidas pelo art. 150, VI, "c", da Constituição, desde que o valor dos aluguéis seja aplicado nas atividades essenciais de tais entidades.

> Súmula Vinculante 52/STF. Ainda quando alugado a terceiros, permanece imune ao IPTU o imóvel pertencente a qualquer das entidades referidas pelo art. 150, VI, "c", da Constituição Federal, desde que o valor dos aluguéis seja aplicado nas atividades para as quais tais entidades foram constituídas.

Quem paga tributo indevido tem direito à restituição, independentemente de comprovação de erro ou de prévio protesto, nos termos do art. 165 do CTN, já transcrito.

Esse é o entendimento da melhor doutrina:

("transcrição de lição doutrinária")

A jurisprudência é pacífica nesse sentido:

("transcrição de precedentes jurisprudenciais")

Assim, a autora tem direito à devolução do tributo indevidamente pago, razão pela qual o réu deve ser condenado à restituição.

4. DO PEDIDO

Por todo o exposto, a autora requer:

a) citação do réu para a audiência de conciliação a ser designada por Vossa Excelência, nos termos do art. 334 do CPC, e, sendo o caso, para que apresente contestação (art. 335 do CPC), sob pena de revelia (art. 344 do CPC);

b) produção de todas as provas admitidas pelo Direito (art. 319, VI, do CPC), sendo que a prova documental instrui esta inicial (arts. 320 e 434 do CPC);

c) condenação do réu, para que restitua o total pago pelo autor a título de IPTU sobre seus imóveis, com os acréscimos legais, nos termos do art. 167 do CTN;

d) condenação do réu ao pagamento das custas processuais e dos honorários de sucumbência fixados por Vossa Excelência nos termos do art. 85, § 3°, do CPC;

O autor opta pela realização da audiência de conciliação (art. 319, VII, do CPC).

Dá-se à causa o valor de R$ (...) (valor do indébito – art. 292 do CPC).

Termos em que

Pede Deferimento

Município Alfa, (data)

[7]

ADVOGADO (...)

OAB-(Estado) n° (...)

Endereço (...)

(OAB- XXII Exame Unificado) Caio era empregado da pessoa jurídica X há mais de 10 anos. No entanto, seu chefe o demitiu de forma vexatória, diante de outros empregados, sem o devido pagamento das verbas trabalhistas. Inconformado, Caio ajuizou medida judicial visando à cobrança de verbas trabalhistas e, ainda, danos morais. A decisão transitada em julgado deu provimento aos pedidos de Caio, condenando a pessoa jurídica X ao pagamento de valores a título de (i) férias proporcionais não gozadas e respectivo terço constitucional e, ainda, (ii) danos morais. Os valores foram efetivamente pagos a Caio em 2015.

Em junho de 2016, a Fazenda Nacional ajuizou execução fiscal visando à cobrança de Imposto sobre a Renda da Pessoa Física – IRPF incidente sobre as férias proporcionais não gozadas, o respectivo terço constitucional e os danos morais. No entanto, a Certidão de Dívida Ativa que ampara a execução fiscal deixou de indicar a quantia a ser executada.

A ação executiva foi distribuída à 3ª Vara de Execuções Fiscais da Seção Judiciária de M, do Estado E.

Caio foi citado na execução e há 10 (dez) dias foi intimado da penhora de seu único imóvel, local onde reside com sua família.

Diante do exposto, redija, como advogado(a) de Caio, a peça prático-profissional pertinente para a defesa dos interesses de seu cliente, indicando o prazo, seus requisitos e os seus fundamentos, nos termos da legislação vigente. (Valor: 5,00)

Considere que a peça processual a ser elaborada tem a garantia do juízo como requisito indispensável para sua admissibilidade.

Obs.: A peça deve abranger todos os fundamentos de Direito que possam ser utilizados para dar respaldo à pretensão. A simples menção ou transcrição do dispositivo legal não pontua

---

7.   Não se esqueça: jamais assine ou, de outra forma, identifique sua peça!

PRÁTICA TRIBUTÁRIA – 4ª EDIÇÃO

GABARITO COMENTADO – FGV

O examinando deverá opor embargos à execução, que consubstanciam defesa a ser apresentada em face de execução fiscal, prevista na Lei nº 6.830/80 (LEF). Em seu Art. 16, § 1º, a Lei determina que os embargos não serão admissíveis antes de garantida a execução. Considerando que o enunciado menciona que a peça a ser elaborada tem a garantia do juízo como requisito indispensável para sua admissibilidade, estão afastadas as hipóteses de exceção de pré-executividade, mandado de segurança e ações de rito ordinário (anulatória/declaratória).

Os embargos devem ser endereçados ao Juízo da causa (3ª Vara de Execuções Fiscais da Seção Judiciária de M, do Estado E).

O embargante é Caio e a embargada é a Fazenda Nacional/União.

No mérito, o examinando deverá demonstrar que não incide imposto sobre a renda sobre os valores recebidos à título de férias proporcionais não gozadas e respectivo terço constitucional, uma vez que têm caráter indenizatório, conforme Súmula 386 do Superior Tribunal de Justiça.

Ademais, deve o examinando afirmar que sobre os danos morais não há incidência de IRPF, pois eles também têm natureza jurídica de indenização, que têm como objetivo reparar a vítima do sofrimento causado pela lesão, conforme a Súmula 498 do STJ.

O examinando deve também indicar que há nulidade de inscrição do crédito tributário, conforme Art. 203, do CTN, uma vez que na certidão de dívida ativa não consta a quantia devida, na forma do Art. 202, inciso II, do CTN, e/ou Art. 2º, § 5º, inciso II, da Lei nº 6.830/80.

Por fim, deve o examinando indicar que o único imóvel de Caio, utilizado para a sua residência e de sua família, é impenhorável, nos termos do Art. 1º da Lei nº 8.009/90.

Distribuição dos pontos

ITEM	PONTUAÇÃO
Endereçamento dos Embargos à Execução: Juízo da causa: 3ª Vara de Execuções Fiscais da Seção Judiciária de M, Estado E (0,10).	0,00/0,10
Partes: Embargante: Caio (0,10) e Embargada: União OU Fazenda Nacional (0,10).	0,00/0,10/0,20
Tempestividade: Prazo para oposição: 30 dias, a partir da intimação da penhora (0,20), na forma do Art. 16, inciso III, da Lei nº 6.830/80 (0,10).	0,00/0,20/0,30
Fundamentos:	
A - Não incidência de IRPF sobre férias proporcionais não gozadas e respectivo terço constitucional em razão da sua natureza indenizatória (0,60), conforme o Art. 43 do CTN OU a Súmula 386/STJ (0,10).	0,00/0,60/0,70
B - Não incidência de IRPF sobre valores pagos a título de danos morais em razão da sua natureza indenizatória (0,60), conforme o Art. 43 do CTN OU a Súmula 498/STJ (0,10).	0,00/0,60/0,70

C - Impenhorabilidade do único imóvel, residência de sua família (0,60), conforme o Art. 1º da Lei nº 8.009/90 (0,10).	0,00/0,60/0,70
D - Nulidade da inscrição em dívida ativa uma vez que na CDA não consta a quantia devida (0,60), conforme o Art. 202, inciso II, do CTN **OU** Art. 2º, § 5º, inciso II, da Lei nº 6.830/80 (LEF) (0,10) **E** o Art. 203 do CTN (0,10).	0,00/0,60/0,70/0,80
Pedidos:	
A - Procedência dos Embargos, com a consequente extinção da Execução Fiscal (0,40) e o levantamento da penhora que recai sobre o bem de família (0,30)	0,00/0,30/0,40/0,70
B - Condenação ao pagamento de honorários (0,20)	0,00/0,20
C - Opção pela realização ou não de audiência de conciliação ou de mediação (0,20) (Art. 319, inciso VII, do CPC/15) (0,10), **OU** menção à possibilidade de dispensa de tal audiência por se tratar de direito que não admite autocomposição (0,20). (Art. 334, § 4º, inciso II, do CPC/15) (0,10).	0,00/0,20/0,30
Indicação do valor da causa (0,10).	0,00/0,10
Manifestação/protesto pela oportuna produção de provas (0,10).	0,00/0,10
Fechamento da Peça (Data, Local, Advogado, OAB...) (0,10).	0,00/0,10

MODELO: EMBARGOS À EXECUÇÃO FISCAL

Excelentíssimo Senhor Doutor Juiz Federal da 3ª Vara de Execuções Fiscais da Subseção Judiciária de M, Estado E [8]

[9]

Distribuição por dependência

Execução Fiscal nº (...)

Caio (...), (estado civil), (profissão), inscrito no CPF sob número (...), endereço eletrônico (...), residente e domiciliado na (endereço),[10] por seu advogado, que assina esta petição (procuração em anexo), com escritório para recebimento de intimações na (endereço – art. 77, V, do CPC), em face da Execução Fiscal nº (...), que lhe move a Fazenda Pública do Município M, vem à presença de Vossa Excelência, respeitosamente, após garantida a execução, oferecer estes

---

8. Lembre-se que os Embargos à Execução são distribuídos por dependência ao mesmo juiz da Execução. Como a questão indicou o juízo, deve ser indicado expressamente no cabeçalho
9. Deixe espaço de aproximadamente 10 cm
10. Não se esqueça de consultar o art. 319 do CPC para elaborar sua inicial

EMBARGOS À EXECUÇÃO FISCAL

nos termos do art. 16 da Lei 6.830/1980, pelas razões a seguir aduzidas:

1. DOS FATOS [11]

O embargante [12] era empregado da pessoa jurídica X há mais de 10 anos. No entanto, seu chefe o demitiu de forma vexatória, diante de outros empregados, sem o devido pagamento das verbas trabalhistas. Inconformado, o embargante ajuizou medida judicial visando à cobrança de verbas trabalhistas e, ainda, danos morais. A decisão transitada em julgado deu provimento aos pedidos do embargante, condenando a pessoa jurídica X ao pagamento de valores a título de (i) férias proporcionais não gozadas e respectivo terço constitucional e, ainda, (ii) danos morais. Os valores foram efetivamente pagos ao embargante em 2015.

Em junho de 2016, a embargada [13] ajuizou execução fiscal visando à cobrança de Imposto sobre a Renda da Pessoa Física – IRPF incidente sobre as férias proporcionais não gozadas, o respectivo terço constitucional e os danos morais. No entanto, a Certidão de Dívida Ativa que ampara a execução fiscal deixou de indicar a quantia a ser executada.

A ação executiva foi distribuída à esta digna 3ª Vara de Execuções Fiscais da Seção Judiciária de M, do Estado E.

O embargante foi citado na execução e há 10 (dez) dias foi intimado da penhora de seu único imóvel, local onde reside com sua família.

2. DO CABIMENTO E DA TEMPESTIVIDADE [14]

Cabe ao executado oferecer Embargos à Execução, desde que garantida a execução, nos termos do art. 16, § 1º, da Lei 6.830/1980.

Houve garantia da execução por meio da penhora do imóvel do embargante, atendido, portanto, o requisito legal.

O prazo para oferecimento dos Embargos à Execução é de 30 (trinta) dias, contados da intimação da penhora (art. 16, III, da Lei 6.830/1980), que ocorreu há apenas 10 (dez) dias, sendo evidente, portanto, a tempestividade.

3. DO EFEITO SUSPENSIVO

Caso a execução prossiga, haverá leilão do bem penhorado, com consequente dano irreparável para o embargante, já que a futura vitória na demanda não terá o condão de restabelecer a situação atual.

---

11. Lembre-se: não invente dados, atenha-se ao que está na questão, ou poderá ser considerada identificação da peça!
12. Não se esqueça de substituir o nome por "embargante"
13. Não se esqueça de indicar a Fazenda como "embargada"
14. Como os espelhos de correção da OAB costumam exigir manifestação expressa a respeito do cabimento e da tempestividade, sugerimos destacar em tópico próprio

No caso dos autos, é incontroverso que a pretensão fiscal está garantida, além de que, como veremos no tópico seguinte, os fundamentos da embargante são relevantes e sólidos.

Por essa razão, preenchidos os requisitos do art. 919, § 1º, do CPC, a executada requerer que esse douto juízo atribua efeito suspensivo a estes embargos à execução, impedindo a hasta pública e a alienação dos bens penhorados.

4. DO DIREITO

A execução deve ser extinta por nulidade da CDA, já que omissa quanto ao valor cobrado, requisito essencial previsto no art. 202 do CTN e no art. 2º, § 5º, II, da Lei 6.830/1980:

> CTN – Art. 202. O termo de inscrição da dívida ativa, autenticado pela autoridade competente, indicará obrigatoriamente:
>
> (...)
>
> II – a quantia devida e a maneira de calcular os juros de mora acrescidos;
>
> (...)
>
> Lei 6.830/1980 – Art. 2º (...)
>
> (...)
>
> § 5º O Termo de Inscrição de Dívida Ativa deverá conter:
>
> (...)
>
> II – o valor originário da dívida, bem como o termo inicial e a forma de calcular os juros de mora e demais encargos previstos em lei ou contrato;
>
> (...)

A omissão implica nulidade da inscrição e da execução correspondente, nos termos do art. 203 do CTN:

> Art. 203. A omissão de quaisquer dos requisitos previstos no artigo anterior, ou o erro a eles relativo, são causas de nulidade da inscrição e do processo de cobrança dela decorrente, mas a nulidade poderá ser sanada até a decisão de primeira instância, mediante substituição da certidão nula, devolvido ao sujeito passivo, acusado ou interessado o prazo para defesa, que somente poderá versar sobre a parte modificada.

Ademais, ainda que se ultrapassasse a nulidade da CDA, inviável a cobrança pretendida pela embargada, em seu mérito.

O imposto de renda incide apenas nos casos previstos no art. 43 do CTN:

> Art. 43. O imposto, de competência da União, sobre a renda e proventos de qualquer natureza tem como fato gerador a aquisição da disponibilidade econômica ou jurídica:
>
> I – de renda, assim entendido o produto do capital, do trabalho ou da combinação de ambos;
>
> II – de proventos de qualquer natureza, assim entendidos os acréscimos patrimoniais não compreendidos no inciso anterior.
>
> (...)

O pagamento de férias proporcionais não gozadas e respectivo terço constitucional e o pagamento de indenização por danos morais não são contrapartida pelo trabalho do embargante (não são renda, portanto), nem correspondem a efetivo aumento patrimonial, pois servem para compensar (indenizar) a não concessão das férias no momento adequado e o dano moral impingido pela empresa.

Sendo assim, é indevida a cobrança do imposto de renda sobre essas verbas, o que é reconhecido pela jurisprudência, consolidada pelas Súmulas 386/STJ e 498/STJ:

> Súmula 386/STJ. São isentas de imposto de renda as indenizações de férias proporcionais e o respectivo adicional.

> Súmula 498/STJ. Não incide imposto de renda sobre a indenização por danos morais.

Finalmente, deve ser levantada imediatamente a penhora sobre o imóvel do embargante, por se tratar de imóvel único de residência de sua família. Trata-se, portanto, de bem impenhorável, nos termos do art. 1º da Lei 8.009/1990.

5. DO PEDIDO

Por todo o exposto, o embargante requer:

a) seja atribuído efeito suspensivo a estes embargos à execução, nos termos do art. 919, § 1º, do CPC;

b) seja determinada a intimação da Fazenda Pública Municipal para, querendo, impugnar estes embargos no prazo legal (art. 17 da Lei 6.830/1980);

c) a produção de todas as provas admitidas em direito (art. 16, § 2º, da Lei 6.830/1980);

d) seja, ao final, dado provimento a estes embargos, declarando-se a ilegalidade da cobrança e a consequente nulidade do lançamento tributário e da inscrição em dívida ativa, desconstituindo-se o título executivo, extinguindo-se a execução e tornando insubsistente a penhora;

e) seja a embargada condenada ao pagamento das custas processuais e dos honorários de sucumbência fixados por Vossa Excelência (art. 85, § 3º, do CPC).

O embargante opta pela realização da audiência de conciliação (art. 319, VII, do CPC).

Dá-se à causa o valor de R$ (...) (valor da execução – art. 292 do CPC).

Termos em que

Pede Deferimento

(Local), (data)

15

ADVOGADO (...)

OAB-(Estado) nº (...)

Endereço (...)

---

15. Não esqueça: jamais assine ou, de outra forma, identifique sua peça!

(OAB- XXI Exame Unificado) A União, por não ter recursos suficientes para cobrir despesas referentes a investimento público urgente e de relevante interesse nacional, instituiu, por meio da Lei Ordinária nº 1.234, publicada em 01 de janeiro de 2014, empréstimo compulsório. O fato gerador do citado empréstimo compulsório é a propriedade de imóveis rurais e o tributo somente será devido de maio a dezembro de 2014.

Caio, proprietário de imóvel rural situado no Estado X, após receber a notificação do lançamento do crédito tributário referente ao empréstimo compulsório dos meses de maio a dezembro de 2014, realiza o pagamento do tributo cobrado.

Posteriormente, tendo em vista notícias veiculadas a respeito da possibilidade desse pagamento ter sido indevido, Caio decide procurá-lo(a) com o objetivo de obter a restituição dos valores pagos indevidamente.

Na qualidade de advogado(a) de Caio, redija a medida judicial adequada para reaver em pecúnia (e não por meio de compensação) os pagamentos efetuados. (Valor: 5,00)

Obs.: A peça deve abranger todos os fundamentos de Direito que possam ser utilizados para dar respaldo à pretensão. A simples menção ou transcrição do dispositivo legal não pontua

GABARITO COMENTADO – FGV

O examinando deverá elaborar a petição inicial de uma Ação de Repetição de Indébito, uma vez que se pretende a restituição do empréstimo compulsório pago indevidamente. A ação declaratória isoladamente não satisfaz o interesse do cliente, visto que o objetivo não é evitar o lançamento do crédito tributário. Na hipótese, não há mais lançamento a ser realizado, visto que o tributo só seria devido pelo período de maio a dezembro de 2014. Tampouco é cabível a ação anulatória isoladamente, visto que não há lançamento a ser anulado.

A ação de repetição de indébito deverá ser endereçada à Vara Federal da Seção Judiciária do Estado X. O autor da ação é Caio e a ré, a União.

No mérito, o examinando deverá demonstrar que o empréstimo compulsório é inconstitucional, uma vez que este tributo deve ser instituído por lei complementar, conforme o Art. 148, caput, da CRFB/88, e não por lei ordinária como na hipótese do enunciado.

Ademais, o examinando deverá indicar a violação ao princípio da anterioridade, uma vez que o empréstimo compulsório referente a investimento público de caráter urgente e de relevante interesse nacional somente pode ser cobrado no exercício financeiro seguinte ao da publicação da lei, no caso somente em 2015, conforme o Art. 148, inciso II c/c o Art. 150, inciso III, alínea *b*, ambos da CRFB/88.

Por fim, deve o examinando requerer a procedência do pedido para que os valores pagos indevidamente lhe sejam restituídos.

PRÁTICA TRIBUTÁRIA – 4ª EDIÇÃO

Distribuição dos pontos

ITEM	PONTUAÇÃO
Endereçamento da ação de repetição de indébito: Juízo da causa: Vara Federal da Seção Judiciária do Estado X (0,10).	0,00/0,10
Autor: Caio (0,10) e **Ré:** a União. (0,10)	0,00/0,10/0,20
Cabimento da ação de repetição do indébito (0,30), conforme o Art. 165, inciso I, do CTN (0,10)	0,00/0,30/0,40
Tempestividade da ação de repetição de indébito (0,10), conforme o Art. 168, I, do CTN (0,10)	0,00/0,10/0,20
Fundamentação para a pretensão:	
1. Inconstitucionalidade do empréstimo compulsório, uma vez que este tributo deve ser instituído por lei complementar e não por lei ordinária (0,90), conforme o Art. 148, *caput,* da CRFB/88 (0,10)	0,00/0,90/1,00
2. Violação ao princípio da anterioridade (0,30), uma vez que o empréstimo compulsório referente a investimento público de caráter urgente e de relevante interesse nacional somente pode ser cobrado no exercício financeiro seguinte ao da publicação da lei (0,60), conforme o Art. 148, inciso II **OU** o Art. 150, inciso III, alínea b, ambos da CRFB/88 (0,10).	0,00/0,30/0,40/0,60/0,70/0,90/1,00
Pedidos:	
1. Procedência do pedido para condenar a União à restituição dos valores pagos a título de empréstimo compulsório (0,60), com a incidência de juros e correção monetária (0,10), na forma do Art. 167, parágrafo único, do CTN (0,10).	0,00/0,10/0,60/0,70/0,80
2. Condenação ao ressarcimento de custas (0,20) e pagamento de honorários advocatícios (0,20), nos termos do Art. 85, parágrafo 3°, do CPC/15 (0,10)	0,00/0,20/0,30/0,40/0,50
Comprovação do recolhimento indevido OU Indicação das provas a serem produzidas (0,20), conforme o Art. 319, inciso VI, do CPC/15 (0,10)	0,00/0,20/0,30
Opção pela não realização de audiência de conciliação ou de mediação (0,20), nos termos do Art. 319, inciso VII, do CPC/15) (0,10) **OU** indicação do não cabimento de conciliação (0,20), nos termos do Art. 334, parágrafo 4°, II, do CPC/15 (0,10)	0,00/0,20/0,30
Valor da causa (0,10).	0,00/0,10
Fechamento da Peça (data, local, advogado, OAB...) (0,10).	0,00/0,10

MODELO: PETIÇÃO INICIAL DE AÇÃO DE REPETIÇÃO DE INDÉBITO

Excelentíssimo Senhor Doutor Juiz Federal da Vara da Subseção Judiciária de (...) – Estado X

[16]

Caio (...), (estado civil), (profissão), inscrito no CPF sob número (...), endereço eletrônico (...), residente e domiciliado na (endereço),[17] por seu advogado que assina esta petição (procuração em anexo), com escritório para recebimento de intimações na (endereço – art. 77, V, do CPC) vem, respeitosamente, propor contra a União, cujo procurador pode ser localizado no (endereço), a presente

AÇÃO DE REPETIÇÃO DE INDÉBITO TRIBUTÁRIO

nos termos do artigo 165 do Código Tributário Nacional, pelas razões a seguir aduzidas:

1. DOS FATOS [18]

A ré,[19] por não ter recursos suficientes para cobrir despesas referentes a investimento público urgente e de relevante interesse nacional, instituiu, por meio da Lei Ordinária nº 1.234, publicada em 01 de janeiro de 2014, empréstimo compulsório. O fato gerador do citado empréstimo compulsório é a propriedade de imóveis rurais e o tributo somente será devido de maio a dezembro de 2014.

O autor,[20] proprietário de imóvel rural situado no Estado X, após receber a notificação do lançamento do crédito tributário referente ao empréstimo compulsório dos meses de maio a dezembro de 2014, realiza o pagamento do tributo cobrado (documentação em anexo – arts. 320 e 434 do CPC).[21]

2. DO CABIMENTO DA AÇÃO E DA TEMPESTIVIDADE [22]

Quem paga tributo indevido tem direito à restituição, independentemente de comprovação de erro ou de prévio protesto, nos termos do art. 165 do CTN:

> Art. 165. O sujeito passivo tem direito, independentemente de prévio protesto, à restituição total ou parcial do tributo, seja qual for a modalidade do seu pagamento, ressalvado o disposto no § 4º do artigo 162, nos seguintes casos:

---

16. Deixe espaço de aproximadamente 10 cm
17. Não se esqueça de consultar o art. 319 do CPC para elaborar sua inicial
18. Lembre-se: não invente dados, atenha-se ao que está na questão, ou poderá ser considerada identificação da peça!
19. Não esqueça de substituir "União" por "ré"
20. Não se esqueça de substituir o nome por "autor"
21. Lembre-se que a prova documental deve instruir a inicial.
22. Como os espelhos de correção da OAB costumam exigir manifestação expressa a respeito do cabimento e da tempestividade, sugerimos destacar em tópico próprio

PRÁTICA TRIBUTÁRIA – 4ª EDIÇÃO

I – cobrança ou pagamento espontâneo de tributo indevido ou maior que o devido em face da legislação tributária aplicável, ou da natureza ou circunstâncias materiais do fato gerador efetivamente ocorrido;

II – erro na edificação do sujeito passivo, na determinação da alíquota aplicável, no cálculo do montante do débito ou na elaboração ou conferência de qualquer documento relativo ao pagamento;

III – reforma, anulação, revogação ou rescisão de decisão condenatória.

Como veremos a seguir, esta é situação do autor.

O empréstimo compulsório incidente sobre a propriedade rural é tributo direto, ou seja, sua natureza jurídica não admite o repasse do ônus econômico para terceiros, sendo inaplicável, portanto, o requisito do art. 166 do CTN.

Ademais, o prazo para ajuizamento da ação de repetição é de 5 (cinco) anos, contados da extinção do crédito, nos termos do art. 168, I, do CTN:

Art. 168. O direito de pleitear a restituição extingue-se com o decurso do prazo de 5 (cinco) anos, contados:

I – nas hipótese dos incisos I e II do artigo 165, da data da extinção do crédito tributário;

II – na hipótese do inciso III do artigo 165, da data em que se tornar definitiva a decisão administrativa ou passar em julgado a decisão judicial que tenha reformado, anulado, revogado ou rescindido a decisão condenatória.

No caso dos autos, o tributo foi indevidamente recolhido em ("data de recolhimento") conforme as guias em anexo, o que comprova a tempestividade.

3. DO DIREITO

Somente por lei complementar pode a União instituir empréstimos compulsórios, nos termos do art. 148 da CF:

Art. 148. A União, mediante lei complementar, poderá instituir empréstimos compulsórios:

I – para atender a despesas extraordinárias, decorrentes de calamidade pública, de guerra externa ou sua iminência;

II – no caso de investimento público de caráter urgente e de relevante interesse nacional, observado o disposto no art. 150, III, "b".

Parágrafo único. A aplicação dos recursos provenientes de empréstimo compulsório será vinculada à despesa que fundamentou sua instituição.

Lei nº 1.234/2014 é ordinária, de modo que o empréstimo compulsório objeto desta ação é inconstitucional.

Ademais, o empréstimo compulsório instituído para atender investimento público de caráter urgente e de relevante interesse nacional (art. 148, II, da CF), caso do tributo previsto na Lei nº 1.234/2014, sujeita-se ao princípio da anterioridade previsto no art. 150, III, *b*, da CF não abrangido pelas exceções previstas no § 1º daquele dispositivo.

Assim, ainda que não houvesse a citada inconstitucionalidade, seria inexigível a exação no mesmo exercício financeiro em que publicada a lei (2014).

Quem paga tributo indevido tem direito à restituição, independentemente de comprovação de erro ou de prévio protesto, nos termos do art. 165 do CTN, já transcrito.

Esse é o entendimento da melhor doutrina:

("transcrição de lição doutrinária")

A jurisprudência é pacífica nesse sentido:

("transcrição de precedentes jurisprudenciais")

Assim, o autor tem direito à devolução do tributo indevidamente pago, razão pela qual a ré deve ser condenada à restituição.

4. DO PEDIDO

Por todo o exposto, a autora requer:

a) citação da ré para a audiência de conciliação a ser designada por Vossa Excelência, nos termos do art. 334 do CPC, e, sendo o caso, para que apresente contestação (art. 335 do CPC), sob pena de revelia (art. 344 do CPC);

b) produção de todas as provas admitidas pelo Direito (art. 319, VI, do CPC), sendo que a prova documental instrui esta inicial (arts. 320 e 434 do CPC);

c) condenação da ré, para que restitua o total pago pelo autor a título de empréstimo compulsório, com os acréscimos legais, nos termos do art. 167 do CTN;

d) condenação da ré ao pagamento das custas processuais e dos honorários de sucumbência fixados por Vossa Excelência nos termos do art. 85, § 3º, do CPC;

O autor opta pela realização da audiência de conciliação (art. 319, VII, do CPC).

Dá-se à causa o valor de R$ (...) (valor do indébito – art. 292 do CPC).

Termos em que

Pede Deferimento

(local), (data)

[23]

ADVOGADO (...)

OAB-(Estado) nº (...)

Endereço (...)

(OAB- XX Exame Unificado) Em 1º de janeiro de 2014, a União publicou lei ordinária instituindo Contribuição de Intervenção do Domínio Econômico (CIDE) incidente sobre as receitas decorrentes de exportações de café. As alíquotas da CIDE em questão são diferenciadas conforme o Estado em que o contribuinte for domiciliado. De acordo com a lei, a nova contribuição servirá como instrumento de atuação na área da educação, sendo os recursos arrecadados destinados à manutenção e desenvolvimento do ensino fundamental.

A pessoa jurídica ABC, exportadora de café, inconformada com a nova cobrança, não realiza o pagamento do tributo. Por tal razão, em 2015, a União ajuizou execução fiscal para a cobrança do valor inadimplido, atualmente em trâmite na 1ª Vara Federal de Execução Fiscal da Seção Judiciária do Estado "X".

---

23. Não se esqueça: jamais assine ou, de outra forma, identifique sua peça!

PRÁTICA TRIBUTÁRIA – 4ª EDIÇÃO

Diante destes fatos, apresente a medida judicial adequada para impugnação da cobrança da nova contribuição, expondo, justificadamente, todos os argumentos aplicáveis. Para a escolha da medida judicial adequada, considere que esta não poderá ser admitida antes de garantida a execução e que o executado foi intimado de penhora realizada há 15 dias. (Valor: 5,00)

Obs.: A peça deve abranger todos os fundamentos de Direito que possam ser utilizados para dar respaldo à pretensão. A simples menção ou transcrição do dispositivo legal não pontua

GABARITO COMENTADO – FGV

A peça a ser elaborada são os Embargos à Execução, que consubstanciam defesa a ser apresentada em face de execução fiscal, prevista na Lei nº 6.830/80 (LEF) que, em seu Art. 16, parágrafo 1º, determina que os embargos do executado não serão admissíveis antes de garantida a execução. Por tal razão, não se admite a exceção de pré- executividade como peça processual.

Como argumento de defesa, o examinando deve alegar que a cobrança é inconstitucional, uma vez que as contribuições de intervenção no domínio econômico não incidirão sobre as receitas decorrentes de exportação, na forma do Art. 149, § 2º, inciso I, da CRFB/88.

O examinando deve alegar, também, que o novo tributo viola a Constituição da República ao não observar a proibição contida em seu Art. 151, inciso I, que veda à União instituir tributo que não seja uniforme em todo o território nacional ou que implique distinção ou preferência em relação a Estado, ao Distrito Federal ou a Município, em detrimento de outro.

Como último fundamento, o examinando deve alegar que a cobrança é inconstitucional porque, de acordo com o Art. 149 da CRFB/88, compete exclusivamente à União instituir contribuições sociais, de intervenção no domínio econômico e de interesse das categorias profissionais ou econômicas, como instrumento de sua atuação nas respectivas áreas, o que não se verifica no presente caso. A destinação dos recursos arrecadados com a contribuição para a área de educação não atende à referibilidade inerente às contribuições de intervenção no domínio econômico, pois a atividade a ser custeada, qual seja o desenvolvimento do ensino fundamental, não guarda referência com a exportação do café.

Distribuição dos pontos

ITEM	PONTUAÇÃO
Endereçamento para a 1ª **Vara Federal** de Execução Fiscal da Seção Judiciária do Estado "X" (0,10)	0,00 / 0,10
Distribuição por dependência (0,20)	0,00 / 0,20
Indicação da embargante – pessoa jurídica ABC (0,10) – e da embargada – a União (0,10)	0,00 / 0,10 / 0,20

Demonstração da Tempestividade (0,10)	0,00 / 0,10
Referência à garantia da execução (0,20)	0,00 / 0,20
Demonstração da presença dos requisitos para concessão de efeito suspensivo (0,20), nos termos do §1° do art. 919 do CPC/15 (0,10).	0,00 / 0,20 / 0,30
Fundamento A: As contribuições de intervenção no domínio econômico não incidem sobre as receitas decorrentes de exportação (**OU** há imunidade em relação às receitas decorrente de exportação) (0,90), na forma do Art. 149, § 2°, inciso I, da CRFB/88. (0,10). **Obs.**: não haverá pontuação para citação do dispositivo sem indicação do parágrafo e do inciso específico.	0,00 / 0,90 / 1,00
Fundamento B: É vedado à União instituir tributo que não seja uniforme em todo o território nacional ou que implique distinção ou preferência em relação a Estado em detrimento de outro (0,70), conforme Art. 151, inciso I, da CRFB/88. (0,10).	0,00 / 0,70 / 0,80
Fundamento C: A contribuição de intervenção no domínio econômico viola a referibilidade (**OU** exigência de que a CIDE seja instrumento de atuação da União na respectiva área **OU** inexistência de correlação entre contribuição e destinação) (0,70), conforme Art. 149, *caput*, da CRFB/88. (0,10).	0,00 / 0,70 / 0,80
Pedido 1: **Intimação/Citação** da Embargada para apresentar impugnação (0,20).	0,00 / 0,20
Pedido 2: Concessão do efeito suspensivo (0,20).**Obs.**: não serão considerados pedidos de concessão de antecipação dos efeitos da tutela nem de concessão de liminar e/ou tutela provisória.	0,00 / 0,20
Pedido 3: Procedência dos Embargos para desconstituição do crédito tributário objeto da Execução Fiscal embargada **OU** a extinção da Execução Fiscal **OU** a desconstituição da CDA (0,40). **Obs.**: não será admitido pedido de "suspensão do crédito tributário" para fins de pontuação deste item. 0,00 / 0,40 Pedido 4: Condenação da União ao pagamento de honorários advocatícios (0,20). 0,00 / 0,20 Indicação do valor da causa (0,20) 0,00 / 0,20 Fechamento da Peça: local, data, advogado, OAB (0,10) 0,00 / 0,10	

PRÁTICA TRIBUTÁRIA – 4ª EDIÇÃO

MODELO: EMBARGOS À EXECUÇÃO FISCAL

Excelentíssimo Senhor Doutor Juiz Federal da 1ª Vara de Execuções Fiscais da Subseção Judiciária de (...), Estado "X" [24]

[25]

Distribuição por dependência

Execução Fiscal nº (...)

Pessoa Jurídica ABC, inscrita no Cadastro Nacional da Pessoa Jurídica – CNPJ sob número (...), endereço eletrônico (...), estabelecida na (endereço),[26] por seu advogado, que assina esta petição (procuração em anexo), com escritório para recebimento de intimações na (endereço – art. 77, V, do CPC), em face da Execução Fiscal nº (...), que lhe move a União, vem à presença de Vossa Excelência, respeitosamente, após garantida a execução, oferecer estes

EMBARGOS À EXECUÇÃO FISCAL

nos termos do art. 16 da Lei 6.830/1980, pelas razões a seguir aduzidas:

1. DOS FATOS [27]

Em 1º de janeiro de 2014, a embargada [28] publicou lei ordinária instituindo Contribuição de Intervenção do Domínio Econômico (CIDE) incidente sobre as receitas decorrentes de exportações de café. As alíquotas da CIDE em questão são diferenciadas conforme o Estado em que o contribuinte for domiciliado. De acordo com a lei, a nova contribuição servirá como instrumento de atuação na área da educação, sendo os recursos arrecadados destinados à manutenção e desenvolvimento do ensino fundamental.

A embargante,[29] exportadora de café, inconformada com a nova cobrança, não realiza o pagamento do tributo. Por tal razão, em 2015, a embargada ajuizou execução fiscal para a cobrança do valor inadimplido, atualmente em trâmite nessa digna 1ª Vara Federal de Execução Fiscal.

O embargante foi intimado de penhora realizada há 15 dias.

---

24. Lembre-se que os Embargos à Execução são distribuídos por dependência ao mesmo juiz da Execução. Como a questão indicou o juízo, deve ser indicado expressamente no cabeçalho

25. Deixe espaço de aproximadamente 10 cm

26. Não se esqueça de consultar o art. 319 do CPC para elaborar sua inicial

27. Lembre-se: não invente dados, atenha-se ao que está na questão, ou poderá ser considerada identificação da peça!

28. Não se esqueça de indicar a União como "embargada"

29. Não se esqueça de substituir o nome da empresa por "embargante"

2. DO CABIMENTO E DA TEMPESTIVIDADE [30]

Cabe ao executado oferecer Embargos à Execução, desde que garantida a execução, nos termos do art. 16, § 1º, da Lei 6.830/1980.

Houve garantia da execução por meio de penhora, atendido, portanto, o requisito legal.

O prazo para oferecimento dos Embargos à Execução é de 30 (trinta) dias, contados da intimação da penhora (art. 16, III, da Lei 6.830/1980), que ocorreu há apenas 15 (quinze) dias, sendo evidente, portanto, a tempestividade.

3. DO EFEITO SUSPENSIVO

Caso a execução prossiga, haverá leilão dos bens penhorados, com consequente dano irreparável para a embargante, já que a futura vitória na demanda não terá o condão de restabelecer a situação atual.

No caso dos autos, é incontroverso que a pretensão fiscal está garantida, além de que, como veremos no tópico seguinte, os fundamentos da embargante são relevantes e sólidos.

Por essa razão, preenchidos os requisitos do art. 919, § 1º, do CPC, a executada requerer que esse douto juízo atribua efeito suspensivo a estes embargos à execução, impedindo a hasta pública e a alienação dos bens penhorados.

4. DO DIREITO

É expressamente vedada pela Constituição Federal a instituição de contribuições de intervenção no domínio econômico incidentes sobre receitas decorrentes de exportação, conforme seu art. 149, § 2º, I:

> CF – Art. 149. (...)
>
> (...)
>
> § 2º As contribuições sociais e de intervenção no domínio econômico de que trata o *caput* deste artigo:
>
> I – não incidirão sobre as receitas decorrentes de exportação;
>
> (...)

No caso, a União fez exatamente isso, havendo evidente inconstitucionalidade da CIDE instituída sobre as receitas decorrentes de exportações de café, a ser reconhecida por este douto juízo.

Ademais, é também vedado expressamente pela Constituição a instituição de tributo que não seja uniforme em todo território nacional:

> CF – Art. 151. É vedado à União:
>
> I – instituir tributo que não seja uniforme em todo o território nacional ou que implique distinção ou preferência em relação a Estado, ao Distrito Federal ou a Município, em detrimento de outro, admitida a concessão de incentivos fiscais destinados a promover o equilíbrio do desenvolvimento socioeconômico entre as diferentes regiões do País;
>
> (...)

---

30. Como os espelhos de correção da OAB costumam exigir manifestação expressa a respeito do cabimento e da tempestividade, sugerimos destacar em tópico próprio

Mais uma vez, há clara inconstitucionalidade da lei em questão, já que as alíquotas da CIDE são diferenciadas conforme o Estado em que o contribuinte for domiciliado.

Não se trata de incentivo fiscal destinado a promover o equilíbrio entre regiões do país, de modo que a inconstitucionalidade é inafastável.

Finalmente, as contribuições de intervenção no domínio econômico devem ser instrumentos de atuação nas respectivas áreas, conforme o art. 149, *caput*, da CF.

Eventual CIDE incidente sobre o mercado de café deveria implicar, necessariamente, atuação da União nessa área, e não na de educação, por mais meritória que seja a intenção, devendo ser observada estritamente a restrição constitucional.

Por tudo isso, a evidente inconstitucionalidade da CIDE instituída implica inviabilidade da execução fiscal promovida contra a embargante.

5. DO PEDIDO

Por todo o exposto, a embargante requer:

a) seja atribuído efeito suspensivo a estes embargos à execução, nos termos do art. 919, § 1º, do CPC;

b) seja determinada a intimação da União para, querendo, impugnar estes embargos no prazo legal (art. 17 da Lei 6.830/1980);

c) a produção de todas as provas admitidas em direito (art. 16, § 2º, da Lei 6.830/1980);

d) seja, ao final, dado provimento a estes embargos, declarando-se a ilegalidade da cobrança e a consequente nulidade do lançamento tributário e da inscrição em dívida ativa, desconstituindo-se o título executivo, extinguindo-se a execução e tornando insubsistente a penhora;

e) seja a embargada condenada ao pagamento das custas processuais e dos honorários de sucumbência fixados por Vossa Excelência (art. 85, § 3º, do CPC).

O embargante opta pela realização da audiência de conciliação (art. 319, VII, do CPC).

Dá-se à causa o valor de R$ (...) (valor da execução – art. 292 do CPC).

Termos em que

Pede Deferimento

(Local), (data)

[31]

ADVOGADO (...)

OAB-(Estado) nº (...)

Endereço (...)

---

31. Não esqueça: jamais assine ou, de outra forma, identifique sua peça!

(OAB- XIX Exame Unificado) Zeta é uma sociedade empresária cujo objeto social é a compra, venda e montagem de peças metálicas utilizadas em estruturas de shows e demais eventos. Para o regular exercício de sua atividade, usualmente necessita transferir tais bens entre seus estabelecimentos, localizados entre diferentes municípios do Estado de São Paulo.

Apesar de nessas operações não haver transferência da propriedade dos bens, mas apenas seu deslocamento físico entre diferentes filiais de Zeta, o fisco do Estado de São Paulo entende que há incidência de Imposto sobre Circulação de Mercadorias e Prestação de Serviços – ICMS nesse remanejamento. Diante da falta de recolhimento do imposto, o fisco já reteve por mais de uma vez, por seus Auditores Fiscais, algumas mercadorias que estavam sendo deslocadas entre as filiais, buscando, assim, forçar o pagamento do imposto pela sociedade empresária.

Considere que, entre a primeira retenção e a sua constituição como advogado, passaram-se menos de dois meses. Considere, ainda, que todas as provas necessárias já estão disponíveis e que o efetivo pagamento do tributo, ou o depósito integral deste, obstaria a continuidade das operações da empresa que, ademais, não quer se expor ao risco de eventual condenação em honorários, no caso de insucesso na medida judicial a ser proposta.

Com receio de sofrer outras cobranças do ICMS e novas retenções, e também pretendendo a rápida liberação das mercadorias já apreendidas, uma vez que elas são essenciais para a continuidade de suas atividades, a sociedade empresária Zeta o procura para, na qualidade de advogado, elaborar a petição cabível, ciente de que, entre a retenção e a constituição do advogado, há período inferior a 120 (cento e vinte) dias, e que, para a demonstração dos fatos, há a necessidade, apenas, de prova documental que lhe foi entregue. (Valor: 5,00 pontos)

Obs.: o examinando deve fundamentar suas respostas. A mera citação do dispositivo legal não confere pontuação

GABARITO COMENTADO – FGV

O examinando deverá elaborar a petição inicial de um Mandado de Segurança, diante da existência de prova pré-constituída e ausência do decurso do prazo de 120 dias desde a primeira apreensão das mercadorias. Não seriam cabíveis ações como a declaratória ou a anulatória, diante da informação de que a pessoa jurídica não quer se expor ao risco de condenação em honorários de sucumbência.

No mérito, o examinando deverá alegar que, nas transferências entre estabelecimentos do mesmo contribuinte, não incide o ICMS, conforme Súmula nº 166 do STJ.

Deverá o examinando argumentar, ainda, que não é possível a apreensão de mercadorias como meio coercitivo para o pagamento de tributos, conforme Súmula nº 323 do STF.

Deverá ser exposta a presença do fumus boni iuris (plausibilidade do direito alegado pela parte) e do periculum in mora (risco de demora na concessão do provimento jurisdicional pleiteado), de modo a justificar o pedido de concessão de medida liminar.

Por fim, deve ser requerida a concessão da segurança, com os pedidos de confirmação da liminar/ordem de liberação da mercadoria em definitivo, declaração de que não há incidência de ICMS no caso e a determinação de abstenção de novas retenções e cobranças futuras.

PRÁTICA TRIBUTÁRIA – 4ª EDIÇÃO

Distribuição dos pontos

ITEM	PONTUAÇÃO
Endereçamento da Ação à Vara do Estado de **São Paulo** (0,10)	0,00 / 0,10
Qualificação do Impetrante (Zeta) (0,10)	0,00 / 0,10
Qualificação do Impetrado: Inspetor-Chefe, Superintendente de Fiscalização ou ainda a demonstração, pelo examinando, de que a Autoridade indicada como coatora seja dirigente, **auditor ou responsável pelo órgão de fiscalização ou similar** (0,10)	0,00 / 0,10
Demonstração do Cabimento do Mandado de Segurança (0,50), nos termos do art. 1º da Lei 12.016/09 **OU** art. 5º, inciso LXIX da CF/88 (0,10).	0,00 /0,50 / 0,60
Fundamento 1: Não há fato gerador do ICMS nas transferências de mercadorias entre estabelecimentos de mesma titularidade (0,70), conforme a Súmula nº 166/STJ **OU** art. 155, inciso II da CF/88 **OU** art. 2º da LC 87/96 (0,10)	0,00 /0,70 / 0,80
Fundamento 2: Não é possível apreender mercadorias para forçar o contribuinte a pagar o tributo (0,70), conforme a Súmula nº 323/STF **OU** art. 5º, inciso LIV da CF/88 (0,10)	0,00 /0,70 / 0,80
Requisitos da Liminar	
Demonstrar a existência *fumus boni juris* (fundamento relevante de direito para concessão de liminar) (0,20)	0,00 / 0,20
Demonstrar a existência do *periculum in mora* (0,20)	0,00 / 0,20
Pedido Liminar – Pedir o deferimento da liminar para que o Fisco	
(a) para que o Fisco restitua as mercadorias já apreendidas (0,30)	0,00 / 0,30
(b) se abstenha de exigir o ICMS no caso (0,30), nos termos do disposto no art. 151, inciso IV do CTN (0,10)	0,00 / 0,30 / 0,40
(c) se abstenha de voltar a reter mercadorias para forçar o pagamento do imposto (0,30)	0,00 / 0,30
Procedência do pedido para a concessão da segurança (0,20), com a: (a) confirmação da liminar, com a consequente liberação definitiva das mercadorias (0,10);	0,00 / 0,10 /0,20 /0,30
(b) declaração de que não há incidência de ICMS no caso (0,10);	0,00 / 0,10
(c) ordem de abstenção de novas retenções e cobranças futuras (0,10).	0,00 / 0,10
Notificação da Autoridade Coatora para prestar informações (0,10)	0,00 / 0,10
Cientificação (ou citação) do Estado de São Paulo (0,10)	0,00 / 0,10
Intimação do Ministério Público (0,10)	0,00 / 0,10
Condenação do Estado de São Paulo nas custas processuais (0,10)	0,00 / 0,10
Valor da causa (0,10)	0,00 / 0,10
Fechamento da peça: Local, data, Advogado, OAB (0,10)	0,00 / 0,10

MODELO: MANDADO DE SEGURANÇA

Excelentíssimo Senhor Doutor Juiz de Direito da Vara da Fazenda Pública da Comarca de (...) – SP

[32]

Zeta (...), inscrita no Cadastro Nacional da Pessoa Jurídica – CNPJ sob número (...), endereço eletrônico (...), estabelecida na (endereço),[33] por seu advogado, que assina esta petição (procuração em anexo), com escritório para recebimento de intimações na (endereço – art. 77, V, do CPC), vem à presença de Vossa Excelência, respeitosamente, impetrar contra o Senhor Delegado Regional Tributário, vinculado ao Estado de São Paulo (art. 6º, *caput*, *in fine*, da Lei 12.016/2009), o presente

MANDADO DE SEGURANÇA COM PEDIDO DE LIMINAR

nos termos do artigo 5º, inciso LXIX, da Constituição Federal e da Lei 12.016/2009, pelas razões a seguir aduzidas:

1. DOS FATOS [34]

A impetrante [35] é uma sociedade empresária cujo objeto social é a compra, venda e montagem de peças metálicas utilizadas em estruturas de shows e demais eventos. Para o regular exercício de sua atividade, usualmente necessita transferir tais bens entre seus estabelecimentos, localizados entre diferentes municípios do Estado de São Paulo.

Apesar de nessas operações não haver transferência da propriedade dos bens, mas apenas seu deslocamento físico entre diferentes filiais da impetrante, o fisco do Estado de São Paulo entende que há incidência de Imposto sobre Circulação de Mercadorias e Prestação de Serviços – ICMS nesse remanejamento. Diante da falta de recolhimento do imposto, o fisco já reteve por mais de uma vez, por seus Auditores Fiscais, algumas mercadorias que estavam sendo deslocadas entre as filiais, buscando, assim, forçar o pagamento do imposto pela impetrante (comprovantes em anexo). [36]

Desde a primeira retenção passaram-se menos de dois meses. Todas as provas necessárias já estão disponíveis.

2. DO CABIMENTO E DA TEMPESTIVIDADE [37]

Cabe Mandado de Segurança para proteger direito líquido e certo, não amparado por *habeas corpus* ou *habeas data*, quando o responsável pela ilegalidade ou abuso de poder

---

32. Deixe espaço de aproximadamente 10 cm
33. Não se esqueça de consultar o art. 319 do CPC para elaborar sua inicial
34. Lembre-se: não invente dados, atenha-se ao que está na questão, ou poderá ser considerada identificação da peça!
35. Não se esqueça de indicar a empresa como "impetrante"
36. Lembre-se que a prova documental deve instruir a inicial
37. Como os espelhos de correção da OAB costumam exigir manifestação expressa a respeito do cabimento e da tempestividade, sugerimos destacar em tópico próprio

PRÁTICA TRIBUTÁRIA – 4ª EDIÇÃO

for autoridade pública ou agente de pessoa jurídica no exercício de atribuições do Poder Público, nos termos do art. 5º, LXIX, da CF.

Disposição equivalente consta do art. 1º da Lei 12.016/2009.

No caso dos autos, como veremos a seguir, há flagrante ilegalidade da autoridade coatora na retenção de mercadorias da impetrante com o intuito de cobrar tributo, além de justo receio de que tal ação ilegal continue.

Ademais, será demonstrado o direito líquido e certo da impetrante, a ser protegido pelo *writ*.

O ato coator iniciou-se a menos de 120 dias, de modo que não houve extinção do direito à impetração, nos termos do art. 23 da Lei 12.016/2009.

3. DO DIREITO

O fato gerador do ICMS devido pela impetrante é a sua circulação econômica, nos termos do art. 155, II, da CF e do art. 2º, I, da LC 87/1996.

A simples movimentação de seus bens entre estabelecimentos não implica circulação econômica, pois não há transferência da propriedade, o que afasta a exação.

Esse é o entendimento pacífico do Judiciário, consolidado na Súmula 166/STJ:

Súmula 166/STJ. Não constitui fato gerador do ICMS o simples deslocamento de mercadoria de um para outro estabelecimento do mesmo contribuinte.

Inaceitável, portanto, a pretensão do fisco estadual.

Ademais, ainda que o ICMS fosse devido, o fisco tem meios adequados para cobrança de seus créditos, especialmente a execução fiscal, sendo indevida a apreensão de mercadorias como meio de coação para essa finalidade, o que viola diretamente os princípios da livre iniciativa e do livre exercício da atividade empresarial, além dos direitos à propriedade e ao não confisco, nos termos dos art. 1º, IV, art. 5º, XIII e XXII, art. 150, IV e art. 170, *caput* e parágrafo único, todos da CF.

Esse entendimento é pacífico na jurisprudência, consolidado na Súmula 323/STF:

Súmula 323/STF. É inadmissível a apreensão de mercadorias como meio coercitivo para pagamento de tributos.

Evidente, portanto, a ilegalidade do ato da autoridade impetrada.

Ademais, dado o entendimento equivocado do fisco, o histórico de apreensões e natureza da atividade da impetrante, é justo o temor de que tais atos ilegais continuem no futuro, o que justifica também a segurança preventiva.

3. DA LIMINAR

Caso não seja deferida a liminar pleiteada, a atividade empresarial restará fatalmente prejudicada, já que dependente da transferência de bens entre seus estabelecimentos. Eis o *periculum in mora*.

O *fumus boni iuris* foi amplamente demonstrado no tópico anterior.

Sendo assim, o impetrante requer seja deferida a medida liminar antes mesmo da notificação da autoridade coatora, nos termos do art. 7º, III, da Lei 12.016/2009, para que a autoridade coatora determine a liberação imediata dos bens retidos, abstendo-se de reter novamente os bens transferidos entre os estabelecimentos da impetrante e de exigir o ICMS sobre tais movimentações, tendo em vista a relevância do fundamento (aparência do bom direito – *fumus boni iuris)* e o perigo na demora da decisão (*periculum in mora).*

4. DO PEDIDO

Por todo o exposto, o impetrante requer seja:

a) deferida a medida liminar, para que seja determinada a liberação imediata dos bens retidos, e que o fisco estadual abstenha-se de reter novamente os bens transferidos entre os estabelecimentos da impetrante e de exigir o ICMS sobre tais movimentações (art. 7º, III, da Lei 12.016/2009);

b) determinada a notificação da autoridade coatora, enviando-lhe todas as cópias dos documentos que instruem a inicial, para que preste todas as informações necessárias, no prazo de 10 dias (art. 7º, I, da Lei 12.016/2009);

c) dada ciência ao Estado de São Paulo, enviando-lhe cópia da inicial para que, querendo, ingresse no feito (art. 7º, II, da Lei 12.016/2009);

d) ouvido o representante do Ministério Público, para que opine no prazo de 10 dias (art. 12 da Lei 12.016/2009);

e) ao final, confirmada a liminar deferida, concedendo-se definitivamente a segurança pleiteada para que seja determinada definitivamente a liberação imediata dos bens retidos, e que o fisco estadual abstenha-se de reter novamente os bens transferidos entre os estabelecimentos da impetrante e de exigir o ICMS sobre tais movimentações; e

f) condenado o Estado às custas processuais.

[38]

[39]

Dá-se à causa o valor de R$ (...) (art. 292 do CPC)

Termos em que

Pede Deferimento

(local), (data)

[40]

ADVOGADO (...)

OAB-(Estado) nº (...)

Endereço (...)

---

38. Não há pedido de dilação probatória. Toda prova deve ser juntada à inicial, pois o direito é líquido e certo.

39. Não se pede condenação em honorários sucumbenciais, indevidos em mandado de segurança: Súmulas 512/STF 105/STJ.

40. Não esqueça: jamais assine ou, de outra forma, identifique sua peça!

PRÁTICA TRIBUTÁRIA – 4ª EDIÇÃO   100

(OAB/Exame Unificado – 2015.3 – 2ª fase) O Município Beta instituiu por meio de lei complementar, publicada em 28 de dezembro de 2012, Taxa de Iluminação Pública (TIP). A lei complementar previa que os proprietários de imóveis em áreas do Município Beta, que contassem com iluminação pública, seriam os contribuintes do tributo. O novo tributo incidiria uma única vez ao ano, em janeiro, à alíquota de 0,5%, e a base de cálculo seria o valor venal do imóvel, utilizado para o cálculo do Imposto sobre a Propriedade Predial e Territorial Urbana (IPTU) lançado no exercício anterior.

Fulano de Tal, proprietário de imóvel servido por iluminação pública no Município Beta, recebeu em sua residência, no início de janeiro de 2013, o boleto de cobrança da TIP relativo àquele exercício (2013), no valor de 0,5% do valor venal do imóvel, utilizado como base de cálculo do IPTU lançado no exercício de 2012 – tudo em conformidade com o previsto na lei complementar municipal instituidora da TIP.

O tributo não foi recolhido e Fulano de Tal contratou advogado para ajuizar ação anulatória do débito fiscal. A despeito dos bons fundamentos em favor de Fulano de Tal, sua ação anulatória foi julgada improcedente. A apelação interposta foi admitida na primeira instância e regularmente processada, sendo os autos encaminhados ao Tribunal de Justiça após a apresentação da resposta ao apelo por parte da Procuradoria Municipal. No Tribunal, os autos foram distribuídos ao Desembargador Relator, que negou seguimento à apelação sob o equivocado fundamento de que o recurso era manifestamente improcedente.

Não há, na decisão monocrática do Desembargador Relator, qualquer obscuridade, contradição ou omissão que justifique a interposição de Embargos de Declaração.

Elabore a peça processual adequada ao reexame da matéria no âmbito do próprio Tribunal de Justiça, indicando o prazo legal para a interposição do recurso e os fundamentos que revelam a(s) inconstitucionalidade(s) da TIP. (Valor: 5,00)

Obs.: A peça deve abranger todos os fundamentos de Direito que possam ser utilizados para dar respaldo à pretensão. A simples menção ou transcrição do dispositivo legal não pontua.

GABARITO COMENTADO

O examinando deverá elaborar o *Agravo* a que se refere o Art. 557, § 1º, do Código de Processo Civil (CPC). Quanto aos aspectos procedimentais, o examinando deverá:

(I) endereçar a petição ao Desembargador Relator da Apelação (que proferiu a decisão agora agravada);

(II) apontar o fundamento legal que dá amparo ao recurso (Agravo);

(III) indicar o prazo legal para a interposição do Agravo.

Depois de promover a descrição dos fatos que levaram à necessidade de interposição do Agravo, o examinando deverá expor as razões que revelam o descabimento da exigência fiscal (pois isso foi expressamente demandado no enunciado da questão e é mesmo necessário para revelar o equívoco da decisão monocrática agravada – já que esta, ao negar curso à apelação, considerou que a sentença apelada, ao manter o crédito tributário, estava correta).

Deverá o examinando, então, alegar que:

(a) a inconstitucionalidade da TIP está pacificada no STF (Súmula nº 670 e/ou Súmula Vinculante nº 41);

(b) o serviço de iluminação pública não é específico e divisível, pois não se pode mensurar o proveito que cada contribuinte isolado extrai do serviço, violando, assim, o Art. 145, II, da CRFB/88;

(c) a taxa não pode ter base de cálculo própria de imposto (e, no caso concreto, a base de cálculo da TIP é o valor venal utilizado para lançamento do próprio IPTU), pois isso viola o Art. 145, § 2º, da CRFB/88;

(d) a exigência da TIP, já em janeiro de 2013, viola o princípio da anterioridade nonagesimal (ou noventena, também chamada de anterioridade mitigada e espera nonagesimal), prevista no Art. 150, III, c, da CRFB/88.

Por fim, deverá o examinando pedir:

(i) a retratação da decisão agravada e, com fundamento no Art. 557, § 1º-A, do CPC, o provimento (pelo próprio Relator) da apelação, uma vez que a sentença apelada está em confronto com súmula do STF;

(ii) para a eventualidade de não ser atendido o pedido anterior, o provimento do Agravo, para que tenha seguimento a Apelação, conforme previsto na parte final do Art. 557, § 1º, do CPC (sendo desnecessário que o examinando peça também o provimento da Apelação, pois isso é objeto do próprio apelo que se pretende que venha a ser reexaminado).

DISTRIBUIÇÃO DOS PONTOS

ITEM	PONTUAÇÃO
Endereçamento ao Desembargador Relator da Apelação. (0,10)	0,00/0,10
Menção ao cabimento de Agravo contra a decisão monocrática (0,20), Art. 557, § 1º, do CPC. (0,10)	0,00/0,20/0,30/
Menção ao prazo de 5 (cinco) dias (0,60)	0,00/0,60
Descrição dos Fatos. (0,10)	0,00/0,10
Fundamentos: 1. A inconstitucionalidade da TIP está pacificada pelo STF (0,70), conforme Súmula nº 670 (e/ou Súmula Vinculante nº 41). (0,10) OU O serviço de iluminação pública não é específico e/ou divisível (0,70), violando, assim, o Art. 145, II, da CRFB/88. (0,10)	0,00/0,70/0,80
2. Taxa não pode ter base de cálculo própria de imposto (e, no caso concreto, a base de cálculo da TIP é o valor venal utilizado para lançamento do próprio IPTU) (0,70) – Art. 145, § 2º, da CRFB/88. (0,10)	0,00/0,70/0,80
3. A exigência da TIP, já em janeiro de 2013, viola o princípio da anterioridade nonagesimal (ou noventena, também chamada de anterioridade mitigada e espera nonagesimal) (0,70) – Art. 150, III, c, da CRFB/88. (0,10)	0,00/0,70/0,80

PRÁTICA TRIBUTÁRIA – 4ª EDIÇÃO

Pedidos	
1. Retratação da decisão agravada e provimento (pelo próprio Relator) da apelação, uma vez que a sentença apelada está em confronto com súmula do STF (0,60) – Art. 557, § 1º-A, do CPC. (0,10)	0,00/0,60/0,70
2. Para a eventualidade de não ser atendido o pedido anterior, pedir o provimento do Agravo, para que tenha seguimento a Apelação (0,60) – Art. 557, § 1º, parte final, do CPC. (0,10) *Obs.: serão atribuídos os mesmos pontos ao examinando que pedir o provimento do Agravo e da Apelação.*	0,00/0,60/0,70
Finalização da peça (data, nome do advogado, OAB). (0,10)	0,00/0,10

Observação do autor: atualmente, a decisão monocrática do relator é regulada pelo art. 932 do CPC, e o agravo interno, pelo art. 1.021 do CPC, com prazo de interposição de 15 dias úteis (art. 1.003, § 5º, do CPC).

MODELO: AGRAVO INTERNO

Excelentíssimo Senhor Desembargador Relator da (...) Câmara do Tribunal de Justiça de (...) [41]

[42]

Fulano de Tal, qualificado nos autos, por seu procurador (procuração nos autos), que assina esta petição, vem à presença de Vossa Excelência, respeitosamente, interpor este

AGRAVO INTERNO

em face do Município Beta, também qualificado nos autos, nos termos do art. 1.021 do CPC, contra a r. decisão que negou seguimento à Apelação, pelas razões em anexo.

1. DO CABIMENTO E DA TEMPESTIVIDADE [43]

Cabe agravo interno contra a decisão monocrática do relator, proferida nos termos do art. 932 do CPC, em conformidade com o art. 1.021 do mesmo Código.

O prazo para interposição é de 15 (quinze) dias úteis, conforme o art. 1.003, § 5º, do CPC, de modo que o presente recurso é manifestamente tempestivo.

2. DOS REQUERIMENTOS

O agravante requer (art. 1.021, § 2º, do CPC):

a) seja intimado o agravado para manifestar-se sobre o recurso no prazo de 15 dias;

---

41. O agravo interno é dirigido ao relator (art. 1.021, § 2º, do CPC)

42. Deixe espaço de aproximadamente 10 cm

43. Como os espelhos de correção da OAB costumam exigir manifestação expressa a respeito do cabimento e da tempestividade, sugerimos destacar em tópico próprio

b) a retratação de Vossa Excelência, em conformidade com as razões em anexo, para que seja dado provimento à Apelação, nos termos do art. 932, V, *a*, do CPC, já que a sentença é contrária a entendimento sumulado do Egrégio Supremo Tribunal Federal;

c) subsidiariamente, caso não haja retratação, seja este Agravo levado a julgamento pela Colenda Câmara, nos termos das razões em anexo.

Termos em que

Pede Deferimento.

(local), (data)

[44]

ADVOGADO (...)

OAB-(Estado) nº (...)

Endereço (...)

[45]

RAZÕES DO AGRAVO INTERNO

Agravante: Fulano de Tal

Agravado: Município Beta

Egrégio Tribunal

Colenda Câmara

Ínclitos Julgadores

1. DOS FATOS [46]

O agravado [47] instituiu por meio de lei complementar, publicada em 28 de dezembro de 2012, Taxa de Iluminação Pública (TIP). A lei complementar previa que os proprietários de imóveis em áreas do Município Beta, que contassem com iluminação pública, seriam os contribuintes do tributo. O novo tributo incidiria uma única vez ao ano, em janeiro, à alíquota de 0,5%, e a base de cálculo seria o valor venal do imóvel, utilizado para o cálculo do Imposto sobre a Propriedade Predial e Territorial Urbana (IPTU) lançado no exercício anterior.

O agravante,[48] proprietário de imóvel servido por iluminação pública no Município Beta, recebeu em sua residência, no início de janeiro de 2013, o boleto de cobrança da TIP relativo

---

44. Não esqueça: jamais assine ou, de outra forma, identifique sua peça!

45. Normalmente as razões do recurso começam em outra página. No exame, é suficiente traçar uma linha ou dar espaço antes de prosseguir.

46. Lembre-se: não invente dados, atenha-se ao que está na questão, ou poderá ser considerada identificação da peça!

47. Não se esqueça de indicar o Município como "agravado"

48. Não se esqueça de indicar o recorrente como "agravante"

PRÁTICA TRIBUTÁRIA – 4ª EDIÇÃO

áquele exercício (2013), no valor de 0,5% do valor venal do imóvel, utilizado como base de cálculo do IPTU lançado no exercício de 2012 – tudo em conformidade com o previsto na lei complementar municipal instituidora da TIP (documentos nos autos).

O tributo não foi recolhido e o agravante contratou advogado para ajuizar ação anulatória do débito fiscal. A despeito dos bons fundamentos em seu favor, sua ação anulatória foi julgada improcedente. A apelação interposta foi admitida na primeira instância e regularmente processada, sendo os autos encaminhados ao Tribunal de Justiça após a apresentação da resposta ao apelo por parte da Procuradoria Municipal. No Tribunal, os autos foram distribuídos ao Eminente Desembargador Relator, que negou seguimento à apelação sob o fundamento de que o recurso era manifestamente improcedente.

2. DO DIREITO

O serviço público cuja prestação dá ensejo à instituição e cobrança de taxa é somente aquele específico e divisível, ou seja, prestado *uti singuli*, nos termos do art. 145, II, da CF e do art. 77 do CTN:

CF – Art. 145. A União, os Estados, o Distrito Federal e os Municípios poderão instituir os seguintes tributos:

(...)

II - taxas, em razão do exercício do poder de polícia ou pela utilização, efetiva ou potencial, de serviços públicos específicos e divisíveis, prestados ao contribuinte ou postos a sua disposição;

(...)

§ 2º As taxas não poderão ter base de cálculo própria de impostos.

Art. 77. As taxas cobradas pela União, pelos Estados, pelo Distrito Federal ou pelos Municípios, no âmbito de suas respectivas atribuições, têm como fato gerador o exercício regular do poder de polícia, ou a utilização, efetiva ou potencial, de serviço público específico e divisível, prestado ao contribuinte ou posto à sua disposição.

Parágrafo único. A taxa não pode ter base de cálculo ou fato gerador idênticos aos que correspondam a imposto nem ser calculada em função do capital das empresas.

O serviço de iluminação público não é divisível, nos termos do art. 79, III, do CTN, já que não é suscetível de utilização, separadamente, por parte de cada um dos seus usuários (é serviço *uti universi*).

Por essa razão, inviável a instituição da taxa por esse serviço, sendo inconstitucional a exação.

Esse entendimento é pacífico na jurisprudência, sumulado pelo Egrégio Supremo Tribunal Federal:

Súmula 670/STF. O serviço de iluminação pública não pode ser remunerado mediante taxa.

Súmula Vinculante 41/STF. O serviço de iluminação pública não pode ser remunerado mediante taxa.

Desnecessário dizer que esse entendimento é de observância obrigatória por todos os Tribunais, nos termos do art. 103-A da CF.

Ademais, é também inconstitucional a adoção pela taxa de base de cálculo idêntica a de imposto, nos termos do art. 145, § 2º, da CF e art. 77, parágrafo único, do CTN, já transcritos.

O entendimento foi consolidado pela Súmula Vinculante 29/STF:

> Súmula Vinculante 29/STF. É constitucional a adoção, no cálculo do valor de taxa, de um ou mais elementos da base de cálculo própria de determinado imposto, desde que não haja integral identidade entre uma base e outra.

No caso dos autos, o Município Beta instituiu a taxa de iluminação tendo por base de cálculo a do IPTU, qual seja, o valor venal do imóvel, o que é claramente inconstitucional.

Finalmente, os a instituição de tributos sujeita-se ao princípio da anterioridade anual e nonagesimal, nos termos do art. 150, III, *b* e *c,* da CF, pelo qual somente podem ser exigidos no exercício seguinte ao da publicação da lei corresponde, ou após 90 dias dessa data, o que for posterior.

No caso, a lei instituidora da taxa de iluminação foi publicada em dezembro de 2012 e, ainda que tenha sido observada a anterioridade anual, não poderia ser exigida já em janeiro de 2013, antes do prazo nonagesimal, o que implica outra inconstitucionalidade.

3. PEDIDOS

Por todo exposto, caso o Eminente Relator não emita juízo de retratação, o agravante requer que essa Colenda Câmara:

a) conheça deste agravo interno e dê-lhe provimento para reformar a decisão agravada e desde logo dar provimento à Apelação, reformando a sentença, afastando a cobrança inconstitucional da taxa de iluminação, decretando a nulidade do lançamento efetuado e invertendo-se os ônus sucumbenciais;

b) subsidiariamente, seja conhecido este agravo interno para dar-lhe provimento, reformando-se a decisão agravada e determinando o regular andamento da Apelação.

Termos em que

Pede Deferimento.

(local), (data)

[49]

ADVOGADO (...)

OAB-(Estado) nº (...)

Endereço (...)

(OAB/Exame Unificado – 2015.2 – 2ª fase) A sociedade empresária XYZ Ltda., citada em execução fiscal promovida pelo município para a cobrança de crédito tributário de ISSQN, realizou depósito integral e opôs embargos à execução. Após a instrução probatória, sobreveio sentença de improcedência dos embargos, contra a qual foi interposto recurso de apelação recebido em seu regular efeito devolutivo (Art. 520, V, do CPC).

A Fazenda Municipal, após contrarrazoar o recurso, requer o desapensamento dos autos dos embargos. O Juízo determina o desapensamento e remete os autos dos embargos para o Tribunal.

---

49. Não esqueça: jamais assine ou, de outra forma, identifique sua peça!

PRÁTICA TRIBUTÁRIA – 4ª EDIÇÃO   106

Um mês após, é aberta vista na execução fiscal à Fazenda Municipal, que requer a conversão em renda do depósito judicial, nos termos do Art. 156, VI, do CTN, alegando que a execução fiscal é definitiva e não provisória (Art. 587 do CPC e Súmula nº 317 do STJ).

O Juízo defere o pedido da Fazenda proferindo decisão interlocutória na qual determina a conversão em renda do depósito e determina a intimação das partes para requererem o que entenderem de direito. Não há, na decisão proferida, qualquer omissão, obscuridade ou contradição.

Na qualidade de advogado(a) de XYZ Ltda., redija a peça recursal adequada a evitar que haja a imediata conversão do depósito em renda. (Valor: 5,00)

Obs.: a peça deve abranger todos os fundamentos de Direito que possam ser utilizados para dar respaldo à pretensão do cliente, sendo certo que a publicação da decisão mencionada se deu nove dias atrás.

GABARITO COMENTADO

Deve ser elaborado *Agravo de Instrumento*, destinado ao Tribunal de Justiça, com a qualificação da agravante, XYZ Ltda., e do agravado: Município (deve-se admitir, também, a indicação como "Agravado", do Juízo da Vara Cível ou Vara de Fazenda Pública, bem como a Fazenda Pública Municipal).

O recurso deve destacar o cabimento do Agravo de Instrumento por se tratar de processo de execução e pela possibilidade de lesão grave e de difícil reparação.

Quanto ao mérito da pretensão do recorrente, deve este destacar que tem prevalência a regra do Art. 32, § 2º, da Lei nº 6.830/1980 (Lei de Execuções Fiscais), que, por sua vez, condiciona o levantamento do depósito judicial ao trânsito em julgado da decisão.

A peça processual ainda deve ainda pleitear a antecipação dos efeitos da tutela, justificando a urgência com o risco de iminente conversão em renda do depósito judicial por parte do recorrido.

Deve ainda o recurso fazer menção ao fato de que estão sendo anexadas as peças obrigatórias para a instrução do Agravo de Instrumento (ou, alternativamente, a cópia integral dos autos judiciais a partir dos quais foi formado o instrumento).

DISTRIBUIÇÃO DOS PONTOS

ITEM	PONTUAÇÃO
Endereçamento de *Agravo de Instrumento* ao Tribunal de Justiça (0,10).	0,00 / 0,10
Qualificação do Recorrente/Agravante (0,10) e do Recorrido/Agravado (0,10).	0,00 / 0,10 / 0,20
Indicação de cumprimento dos artigos 524 e 525 do CPC: menção à juntada de todas as cópias obrigatórias ao conhecimento do Agravo de Instrumento (0,35) / indicação dos advogados das partes (0,25).	0,00 / 0,25/ 0,35/ 0,60
Menção ao recolhimento das custas do recurso (preparo recursal) (0,40).	0,00 / 0,40
Justificativa de cabimento do Agravo de Instrumento: é cabível ante o risco de lesão grave e de difícil reparação (0,50).	0,00 / 0,50

Fundamento de mérito: a conversão em renda só pode ocorrer após o trânsito em julgado do processo de embargos (0,90), conforme previsto no Art. 32, § 2º, da LEF (0,10) OU a conversão em renda não pode ocorrer, pois o crédito tributário está com a exigibilidade suspensa (0,90), conforme o Art. 151, II, do CTN (0,10).	0,00 / 0,90 / 1,00
Pedido de antecipação dos efeitos da tutela recursal OU de efeito suspensivo (0,30), na forma do Art. 527, III, OU Art. 558, do CPC (0,10). Alegando a presença dos requisitos ali previstos: *periculum in* mora pelo risco de conversão em renda e *fumus boni iuris* ante a plausibilidade do direito alegado no mérito (0,60).	0,00 / 0,30 / 0,40 / 0,90 /1,00
Provimento do recurso para reforma da decisão (0,60) para que a conversão em renda só ocorra após trânsito em julgado da improcedência dos embargos (0,50).	0,00 / 0,50 / 0,60 / 1,10
Fechamento: Local..., Data..., Advogado..., OAB .... (0,10).	0,00/0,10

Observação do autor: a sistemática da execução e do cumprimento de sentença mudou bastante em relação ao antigo CPC, o que merece a atenção do estudante. Os dispositivos relativos ao Agravo de Instrumento no atual CPC são citados no modelo a seguir.

MODELO: AGRAVO DE INSTRUMENTO

Excelentíssimo Senhor Desembargador Presidente do Egrégio Tribunal de Justiça de (...) [50]

[51]

Agravante: Sociedade Empresária XYZ Ltda.

Agravado: Município de (...)

A Sociedade Empresária XYZ Ltda., inscrita no Cadastro Nacional da Pessoa Jurídica – CNPJ sob número (...), endereço eletrônico (...), estabelecida na (endereço), por seu advogado, que assina esta petição vem, respeitosamente, perante Vossa Excelência, interpor este

AGRAVO DE INSTRUMENTO

em face do Município (...), cujo procurador pode ser localizado em (endereço), nos termos do art. 1.015, parágrafo único, do CPC, contra a r. decisão que determinou a conversão em renda do depósito realizado nos autos da execução fiscal, pelas razões em anexo.

1. DOS DADOS E DOS DOCUMENTOS

Informa, em obediência ao artigo 1.016, IV, do CPC, os seguintes dados:

- Advogado do agravado: ("nome e endereço completo")

- Advogado do agravante: ("nome e endereço completo")

---

50. Lembre-se que o agravo de instrumento é interposto diretamente no Tribunal *ad quem*

51. Deixe espaço de aproximadamente 10 cm

PRÁTICA TRIBUTÁRIA – 4ª EDIÇÃO

Ademais, seguem anexadas cópias das peças arroladas no artigo 1.017 do CPC, bem como das demais peças e documentos entendidos como fundamentais para a compreensão da controvérsia:

- Petição inicial da execução fiscal

- Petição inicial dos embargos à execução

- Não há contestação

- Petição que ensejou a decisão agravada

- Decisão agravada

- Certidão da intimação da decisão agravada

- procurações outorgadas aos advogados da agravante (os advogados públicos não têm procuração nos autos)

A autenticidade das peças que compõem o instrumento é afirmada pelo advogado signatário.

Acompanha esta petição o comprovante das custas (art. 1.017, § 1º, do CPC). [52]

2. DO CABIMENTO E DA TEMPESTIVIDADE [53]

Cabe recurso de agravo de instrumento contra decisão monocrática do juiz em ação de execução, nos termos do art. 1.015, parágrafo único, do CPC. [54]

O prazo para interposição é de 15 (quinze) dias úteis, nos termos do art. 1.003, § 5º, do CPC, e a decisão agravada foi publicada há 9 (nove) dias, de modo que a tempestividade é evidente.

3. DOS REQUERIMENTOS

O agravante requer seja recebido e distribuído o presente recurso (art. 1.019 do CPC).

Ao Eminente Relator, requer (art. 1.019 do CPC):

a) seja atribuído efeito suspensivo ao recurso, suspendendo a conversão do depósito em renda;

b) seja intimado o agravado para manifestar-se no prazo de 15 dias;

c) seja pautado para julgamento pela Colenda Câmara (art. 1.020 do CPC).

Termos em que

Pede Deferimento.

(local), (data)

[55]

---

52. É importante fazer referência expressa ao recolhimento das custas.

53. Como os espelhos de correção da OAB costumam exigir manifestação expressa a respeito do cabimento e da tempestividade, sugerimos destacar em tópico próprio

54. Atualmente, as decisões que podem ser enfrentadas por agravo de instrumento são indicadas taxativamente no art. 1.015 do CPC, de modo que é interessante indicar expressamente o dispositivo em sua peça

55. Não esqueça: jamais assine ou, de outra forma, identifique sua peça!

ADVOGADO (...)

OAB-(Estado) n° (...)

Endereço (...)

[56]

RAZÕES DO AGRAVO DE INSTRUMENTO

Agravante: Sociedade Empresária XYZ Ltda.

Agravado: Município de (...)

Egrégio Tribunal

Colenda Câmara

Ínclitos Julgadores

1. DOS FATOS

A agravante, [57] citada em execução fiscal promovida pelo agravado [58] para a cobrança de crédito tributário de ISSQN, realizou depósito integral e opôs embargos à execução. Após a instrução probatória, sobreveio sentença de improcedência dos embargos, contra a qual foi interposto recurso de apelação recebido em seu regular efeito devolutivo (Art. 520, V, do *antigo* CPC).

A Fazenda Municipal, após contrarrazoar o recurso, requer o desapensamento dos autos dos embargos. O Juízo determina o desapensamento e remete os autos dos embargos para o Tribunal.

Um mês após, é aberta vista na execução fiscal à Fazenda Municipal, que requer a conversão em renda do depósito judicial, nos termos do Art. 156, VI, do CTN, alegando que a execução fiscal é definitiva e não provisória (Art. 587 do *antigo* CPC e Súmula n° 317 do STJ).

O Juízo defere o pedido do agravado proferindo decisão interlocutória na qual determina a conversão em renda do depósito e determina a intimação das partes para requererem o que entenderem de direito. Não há, na decisão proferida, qualquer omissão, obscuridade ou contradição.

2. DO DIREITO

A execução fiscal tem procedimento próprio, distinto do processo de execução de títulos extrajudiciais em geral, sendo regida pela Lei 6.830/1980.

---

56. Normalmente as razões do recurso começam em outra página. No exame, é suficiente traçar uma linha ou dar espaço antes de prosseguir.

57. Não se esqueça de indicar o recorrente como "agravante"

58. Não se esqueça de indicar o Município como "agravado"

PRÁTICA TRIBUTÁRIA – 4ª EDIÇÃO

O art. 32, § 2º, da Lei de Execuções Fiscais é expresso no sentido de que a entrega ao exequente do depósito realizado pelo executado, portanto a conversão desse depósito em renda, somente pode ocorrer após o trânsito em julgado da ação:

Art. 32. (...)

(...)

§ 2º Após o trânsito em julgado da decisão, o depósito, monetariamente atualizado, será devolvido ao depositante ou entregue à Fazenda Pública, mediante ordem do Juízo competente.

No caso dos autos, houve interposição de apelação contra a sentença dos embargos à execução, pendente de julgamento. Ainda assim, o MM. Juiz de piso deferiu a conversão do depósito em renda do Município, o que é claramente ilegal.

Por essa razão, a decisão agravada deve ser reformada.

3. DO EFEITO SUSPENSIVO

O Eminente relator pode conceder o efeito suspensivo ao agravo, nos termos do art. 1.019, I, do CPC, na hipótese prevista no art. 995, parágrafo único, do Código de Processo Civil:

Art. 995. (...)

Parágrafo único. A eficácia da decisão recorrida poderá ser suspensa por decisão do relator, se da imediata produção de seus efeitos houver risco de dano grave, de difícil ou impossível reparação, e ficar demonstrada a probabilidade de provimento do recurso.

No caso dos autos, em se tratando de execução fiscal, a indevida conversão do depósito em renda será de dificílima reparação, pois imporá ao agravante o tortuoso caminho do *solve et repete*, dificultada pelo regime de pagamento por precatório (art. 100 da CF).

A probabilidade de provimento do recurso é largamente demonstrada no tópico anterior.

4. DO PEDIDO

Diante do exposto, a agravante requer:

a) que o Eminente relator conceda o efeito suspensivo ao presente agravo de instrumento, suspendendo a conversão do depósito em renda;

b) seja, ao final, dado provimento ao presente agravo de instrumento, reformando-se a decisão agravada para que não seja indeferido o pedido de conversão do depósito em renda, exceto no caso de trânsito em julgado favorável ao Município,

Termos em que

Pede Deferimento.

(local), (data)

[59]

ADVOGADO (...)

OAB-(Estado) nº (...)

Endereço (...)

---

59. Não esqueça: jamais assine ou, de outra forma, identifique sua peça!

(OAB/Exame Unificado – 2015.1 – 2ª fase) A pessoa jurídica A, fabricante de refrigerantes, recolheu em montante superior ao devido o Imposto sobre Produtos Industrializados (IPI) incidente nas operações de venda à pessoa jurídica B (distribuidora de bebidas), nos anos de 2013 e 2014. Ao verificar o equívoco, a pessoa jurídica A ajuizou ação, em dezembro de 2014, visando à compensação do indébito do IPI, correspondente ao valor pago em excesso, com débitos do mesmo tributo, anexando, para tanto, autorização expressa da pessoa jurídica B para que ela (pessoa jurídica A) pleiteasse a repetição. A referida ação foi distribuída à 4ª Vara Federal da Seção Judiciária do Estado X e foi devidamente contestada pela União.

Ao proferir a sentença, o juiz julgou improcedente o pedido, condenado a Autora nos ônus da sucumbência, por entender que

(i) o pedido de compensação deveria ter sido realizado inicialmente por meio da via administrativa;
(ii) apenas a pessoa jurídica B, contribuinte de fato do imposto, possui legitimidade para pleitear a repetição de indébito do IPI, uma vez que apenas ela suportou o encargo financeiro do tributo; e
(iii) somente é possível a repetição do indébito, sendo incabível o pedido de compensação.

Diante do exposto, elabore, como advogado(a) da pessoa jurídica A, a medida judicial cabível contra a decisão publicada ontem, para a defesa dos interesses de sua cliente, abordando as teses e os fundamentos legais que poderiam ser usados em favor do autor, ciente de que inexiste qualquer omissão, contradição e/ou obscuridade na decisão. (Valor: 5,00 pontos)

Obs.: responda justificadamente, empregando os argumentos jurídicos apropriados e a fundamentação legal pertinente ao caso.

GABARITO COMENTADO

O examinando deverá elaborar apelação em face da sentença que julgou improcedente o pedido autoral de compensação dos créditos tributários. A apelação deverá ser endereçada ao Juízo da causa (4ª Vara Federal da Seção Judiciária do Estado X), com as razões recursais dirigidas ao Tribunal Regional Federal, que as apreciará. O Apelante é a pessoa jurídica A, que restou sucumbente, e a Apelada é a União.

No mérito, o examinando deverá afastar o argumento utilizado pelo Juízo a quo, no sentido de que o pedido de compensação deveria ter sido inicialmente feito na via administrativa. Isso porque a Constituição não exige que o contribuinte requeira administrativamente a compensação como condição de acesso ao Poder Judiciário. Ao contrário, a Constituição consagra, no Art. 5º, XXXV, a inafastabilidade do controle jurisdicional.

Ademais, o examinando deverá apontar que o Art. 166, do Código Tributário Nacional, permite a restituição de tributos indiretos quando o terceiro que suportou o encargo expressamente autorizar o contribuinte de direito a requerer a repetição, como no caso anunciado.

O examinando deverá, ainda no mérito, requerer a aplicação da Súmula 461, que dispõe que "O contribuinte pode optar por receber, por meio de precatório ou por compensação, o indébito tributário certificado por sentença declaratória transitada em julgado." Sendo assim, incorreta a decisão do juiz a quo que afirmou ser incabível o pedido de compensação.

Por fim, o examinando deverá formular pedido de reforma da sentença e inversão dos ônus sucumbenciais, reiterando o pedido de compensação do indébito.

PRÁTICA TRIBUTÁRIA – 4ª EDIÇÃO

DISTRIBUIÇÃO DOS PONTOS

ITEM	PONTUAÇÃO
Endereçamento da apelação: Juízo da causa: 4ª Vara Federal da Seção Judiciária do Estado X (0,10).	0,00/0,10
Apelante: Pessoa Jurídica A (0,10) e Apelada: União (0,10)	0,00/0,10/0,20
Requerimento de remessa dos autos ao Tribunal Regional Federal (0,20).	0,00/0,20
Descrição dos Fatos (0,20)	0,00/0,20
Fundamentação para a pretensão de reforma da decisão:	
Fundamento 1: Inafastabilidade do controle jurisdicional (1,00), conforme Art. 5º, XXXV, da Constituição Federal (0,10)	0,00/1,00/1,10
Fundamento 2: Como a apelante possui autorização do contribuinte de fato, é possível a repetição de indébito (1,00), na forma do Art. 166 do CTN (0,10).	0,00/1,00/1,10
Fundamento 3: O contribuinte pode optar pela compensação do indébito tributário certificado por sentença declaratória transitada em julgado (1,00), conforme Súmula 461 do STJ (0,10). *Obs.: A simples menção ou transcrição do dispositivo legal não será pontuada.*	0,00/1,00/1,10
Pedidos:	
Pedido 1 - Reforma da sentença (0,20) para que seja reconhecido o direito de compensação do indébito (0,30).	0,00/0,20/0,30/0,50
Pedido 2 – Inversão dos ônus sucumbenciais (0,20).	0,00/0,20
Informação sobre o recolhimento das custas do recurso ("Preparo do recurso") (0,20)	0,00/0,20
Fechamento da Peça (Data, Local, Advogado, OAB...) (0,10)	0,00/0,10

MODELO: APELAÇÃO

Excelentíssimo Senhor Doutor Juiz Federal da 4ª Vara da Subseção Judiciária de (...) – Estado X [60]

[61]

Processo (...)

Pessoa Jurídica A, qualificada nos autos, por seu advogado, que assina esta petição vem respeitosamente perante Vossa Excelência interpor esta

---

60. Lembre-se que a apelação é interposta perante o juiz de primeira instância, que enviará os autos para o Tribunal

61. Deixe espaço de aproximadamente 10 cm

APELAÇÃO

contra a r. sentença, em face da Fazenda Nacional, nos termos do art. 1.009 do CPC, pelas razões em anexo.

As custas foram devidamente recolhidas, conforme comprovante anexado.[62]

Requer (art. 1.010, §§ 1º e 3º, do CPC):

a) seja intimado o apelado para apresentar contrarrazões no prazo de 15 dias;

b) sejam os autos remetidos ao Tribunal.

Termos em que

Pede Deferimento.

(local), (data)

[63]

ADVOGADO (...)

OAB-(Estado) nº (...)

Endereço (...)

[64]

Egrégio Tribunal Regional Federal da (...) Região

Razões de Apelação

Apelante: Pessoa Jurídica A

Apelada: Fazenda Nacional

Colenda Turma

Ínclitos Julgadores

1. DOS FUNDAMENTOS DE FATO [65]

A apelante,[66] fabricante de refrigerantes, recolheu em montante superior ao devido o Imposto sobre Produtos Industrializados (IPI) incidente nas operações de venda à pessoa

---

62. É importante fazer referência expressa ao recolhimento das custas.

63. Não esqueça: jamais assine ou, de outra forma, identifique sua peça!

64. Normalmente as razões do recurso começam em outra página. No exame, é suficiente traçar uma linha ou dar espaço antes de prosseguir.

65. Lembre-se: não invente dados, atenha-se ao que está na questão, ou poderá ser considerada identificação da peça!

66. Não se esqueça de indicar o recorrente como "apelante"

PRÁTICA TRIBUTÁRIA – 4ª EDIÇÃO

jurídica B (distribuidora de bebidas), nos anos de 2013 e 2014. Ao verificar o equívoco, a apelante ajuizou ação, em dezembro de 2014, visando à compensação do indébito do IPI, correspondente ao valor pago em excesso, com débitos do mesmo tributo, anexando, para tanto, autorização expressa da pessoa jurídica B para que ela (apelante) pleiteasse a repetição. A referida ação foi distribuída à 4ª Vara Federal da Seção Judiciária do Estado X e foi devidamente contestada pela apelada.[67]

Ao proferir a sentença, o eminente juiz julgou improcedente o pedido, condenado a apelante nos ônus da sucumbência, por entender que

(i) o pedido de compensação deveria ter sido realizado inicialmente por meio da via administrativa;

(ii) apenas a pessoa jurídica B, contribuinte de fato do imposto, possui legitimidade para pleitear a repetição de indébito do IPI, uma vez que apenas ela suportou o encargo financeiro do tributo; e

(iii) somente é possível a repetição do indébito, sendo incabível o pedido de compensação.

2. DOS FUNDAMENTOS DE DIREITO – DAS RAZÕES PARA A REFORMA DA DECISÃO [68]

Não há imposição para que o contribuinte esgote a esfera administrativa antes de pleitear seu direito perante o Judiciário.

Pelo contrário, a Constituição Federal consagra o princípio da inafastabilidade da jurisdição, nos termos do art. 5º, XXXV:

CF – art. 5º (...)
(...)
XXXV – a lei não excluirá da apreciação do Poder Judiciário lesão ou ameaça a direito;
(...)

Inaceitável, portanto, afastar o pleito da autora pelo argumento de que deveria ter sido formulado administrativamente.

Quanto à legitimidade ativa processual, o contribuinte de direito pode requerer restituição ou compensação de tributo indevidamente recolhido. No caso dos tributos que comportem repasse do ônus econômico ao adquirente de bem ou serviço (tributos indiretos), deve apenas comprovar que assumiu tal ônus ou que esteja autorizado por quem suportou o ônus, nos termos do art. 166 do CTN:

Art. 166. A restituição de tributos que comportem, por sua natureza, transferência do respectivo encargo financeiro somente será feita a quem prove haver assumido o referido encargo, ou, no caso de tê-lo transferido a terceiro, estar por este expressamente autorizado a recebê-la.

No caso dos autos, há incontested autorização da Pessoa Jurídica B, adquirente dos produtos da apelante, de modo que atendido o requisito do art. 166 do CTN.

---

67. Não se esqueça de indicar a Fazenda Nacional como "apelada"

68. Na apelação, é essencial rebater cada um dos fundamentos da sentença, sem exceção

Finalmente, não subsiste o entendimento de que o contribuinte pode apenas pleitear restituição, não compensação. Ambos são meios idôneos para solucionar o indébito tributário, conforme jurisprudência pacífica, consolidada pela Súmula 461/STJ:

> Súmula 461/STJ. O contribuinte pode optar por receber, por meio de precatório ou por compensação, o indébito tributário certificado por sentença declaratória transitada em julgado.

A sentença, portanto, deve ser reformada.

3. DO PEDIDO

Por todo o exposto, a apelante requer seja o presente recurso conhecido e lhe seja dado provimento, reformando-se a sentença, para que seja dado provimento à ação e reconhecido o direito à compensação do indébito tributário, invertendo-se os ônus sucumbenciais.

Termos em que

Pede Deferimento.

(local), (data)

[69]

ADVOGADO (...)

OAB-(Estado) nº (...)

Endereço (...)

(OAB/Exame Unificado – 2014.3 – 2ª fase) Em 2003, João ingressou como sócio da sociedade D Ltda. Como já trabalhava em outro local, João preferiu não participar da administração da sociedade. Em janeiro de 2012, o Município X, ao verificar que a D Ltda. deixou de pagar o IPTU lançado no ano de 2004, referente ao imóvel próprio em que tem sede, inscreveu a sociedade em dívida ativa e ajuizou execução fiscal em face desta, visando à cobrança do IPTU e dos acréscimos legais cabíveis.

Após a citação da pessoa jurídica, que não apresentou defesa e não garantiu a execução, a Fazenda Municipal solicitou a inclusão de João no polo passivo da execução fiscal, em razão de sua participação societária na executada, o que foi deferido pelo Juiz.

João, citado em fevereiro de 2012, procura um advogado e explica que passa por grave situação financeira e que não poderá garantir a execução, além de não possuir qualquer bem passível de penhora. Ao analisar a documentação trazida por João, o advogado verifica que há prova documental inequívoca de seu direito.

Assim, como advogado de João, elabore a peça adequada à defesa de seu cliente nos próprios autos da execução fiscal. **(Valor: 5.00)**

A peça deve abranger todos os fundamentos de Direito que possam ser utilizados para dar respaldo à pretensão.

---

69. Não esqueça: jamais assine ou, de outra forma, identifique sua peça!

GABARITO COMENTADO

João deverá oferecer exceção de pré-executividade, peça que não exige a garantia do juízo e que é cabível nos casos em que:

(i) não é preciso dilação probatória, ou seja, todos os seus argumentos podem ser demonstrados de plano; e

(ii) alega-se matéria relativa às condições da ação e aos pressupostos processuais, conhecíveis de ofício, como na hipótese (prescrição e ilegitimidade passiva).

A peça envolverá conhecimentos sobre responsabilidade tributária, especificamente no que se refere ao disposto no Art. 135, do CTN, e de prescrição tributária.

O Art. 135 do CTN dispõe que "são pessoalmente responsáveis pelos créditos correspondentes a obrigações tributárias resultantes de atos praticados com excesso de poderes ou infração a lei, contratos e estatutos". Do caput do dispositivo, é possível concluir que o mero inadimplemento tributário não gera responsabilidade tributária. Nesse sentido é a Súmula 430 do STJ. Além disso, os incisos do artigo não elencam o sócio como responsável tributário. Sendo assim, para que o sócio seja responsabilizado, é necessário que ele pratique atos de direção ou gerência (inciso III do dispositivo), o que não é o caso, pois se trata de mero sócio cotista, sem poderes de administração/gestão da sociedade, o que afastaria a incidência do Art. 135, do CTN.

No que tange à responsabilidade tributária, deve o candidato ressaltar ainda que, como o nome de João não consta da Certidão de Dívida Ativa (CDA), cabe à Fazenda demonstrar que o responsável agiu com excesso de poderes ou cometeu infração à lei, contratos e estatutos, o que não aconteceu na hipótese narrada.

Ademais, deve o candidato destacar que o crédito tributário está prescrito, tendo em vista que o ajuizamento da execução fiscal e a citação ocorreram em 2012, ou seja, mais de cinco anos contados da constituição definitiva do crédito tributário que, por sua vez, ocorreu em 2004. Sendo assim, conforme previsto no Art. 174 do CTN, ocorreu a prescrição.

DISTRIBUIÇÃO DOS PONTOS

ITEM	PONTUAÇÃO
Endereçamento: Juízo Cível ou da Fazenda Pública da Comarca (0,10)	0,00 / 0,10
Qualificação das partes: João (0,10)/ Município "X" (0,10).	0,00 / 0,10 / 0,20
Cabimento da exceção de pré-executividade: matéria de ordem pública (0,30) e desnecessidade de dilação probatória (0,30), conforme Súmula 393 do STJ (0,10) *Obs.: A mera citação do dispositivo legal/súmula não confere pontuação.*	0,00 / 0,30 / 0,40 / 0,60 / 0,70
Fundamento 1 – Prescrição do crédito tributário (0,40), por terem decorridos 5 anos da constituição definitiva do crédito tributário (0,50), conforme Art. 174, do CTN (0,10). *Obs.: A mera citação do dispositivo legal/súmula não confere pontuação.*	0,00 / 0,40 /0,50/ 0,60/ 0,90/ 1,00

Fundamento 2.1 – Responsabilidade Tributária: Para ser responsabilizado, o sócio precisa praticar atos de direção ou gerência (0,50), conforme disposto no Art. 135, III, do CTN (0,10). *Obs.: A mera citação do dispositivo legal/súmula não confere pontuação.*	0,00 / 0,50 / 0,60
Fundamento 2.2 – Responsabilidade Tributária: Trata-se de mero inadimplemento da obrigação tributária, o que não gera responsabilidade tributária (0,50), conforme Súmula 430 do STJ (0,10). *Obs.: A mera citação do dispositivo legal/súmula não confere pontuação.*	0,00 / 0,50 / 0,60
Fundamento 2.3 – Responsabilidade Tributária: Por fim, cabe à Fazenda Municipal demonstrar uma das situações do Art. 135 do CTN, para fins de redirecionamento da execução fiscal (0,50).	0,00 / 0,50
Pedido 1 – Intimação da Fazenda Municipal para ciência da Exceção (0,10).	0,00 / 0,10
Pedido 2a – O acolhimento da exceção para exclusão de João do polo passivo da execução fiscal (0,35)	0,00 / 0,35
Pedido 2b – O acolhimento da exceção para a extinção da execução fiscal em razão da prescrição do crédito tributário (0,35);	0,00 / 0,35
Pedido 3 – A condenação em honorários de sucumbência (0,40).	0,00 / 0,40
Fechamento da peça: Local ou Município, Data, Advogado e OAB	0,00 / 0,10

MODELO: EXCEÇÃO DE PRÉ-EXECUTIVIDADE

Excelentíssimo Senhor Doutor Juiz de Direito da Vara da Fazenda Pública da Comarca de (...) [70]

[71]

Distribuição por dependência

Execução Fiscal nº (...)

João (...), (estado civil), (profissão), inscrito no CPF sob número (...), endereço eletrônico (...), residente e domiciliado na (endereço),[72] por seu advogado, que assina esta petição (procuração em anexo), com escritório para recebimento de intimações na (endereço – art. 77, V, do CPC), em face da Execução Fiscal nº (...), que lhe move o Município X, vem à presença de Vossa Excelência, respeitosamente, apresentar esta

---

70. Lembre-se que a exceção de pré-executividade é distribuída ao mesmo juiz da Execução
71. Deixe espaço de aproximadamente 10 cm
72. Não se esqueça de consultar o art. 319 do CPC para elaborar sua inicial

EXCEÇÃO DE PRÉ-EXECUTIVIDADE

nos termos do art. 3°, parágrafo único, da Lei 6.830/1980 e da Súmula 393/STJ, pelas razões a seguir aduzidas:

1. DOS FATOS [73]

Em 2003, o executado, ora excipiente,[74] ingressou como sócio da sociedade D Ltda. Como já trabalhava em outro local, o excipiente preferiu não participar da administração da sociedade. Em janeiro de 2012, o excepto,[75] ao verificar que a D Ltda. deixou de pagar o IPTU lançado no ano de 2004, referente ao imóvel próprio em que tem sede, inscreveu a sociedade em dívida ativa e ajuizou execução fiscal em face desta, visando à cobrança do IPTU e dos acréscimos legais cabíveis.

Após a citação da pessoa jurídica, que não apresentou defesa e não garantiu a execução, o exequente, ora excepto, solicitou a inclusão do excipiente no polo passivo da execução fiscal, em razão de sua participação societária na executada, o que foi deferido pelo Juiz.

2. DO CABIMENTO [76]

Cabe ao executado oferecer Embargos à Execução, desde que garantida a execução, nos termos do art. 16, § 1°, da Lei 6.830/1980.

Entretanto, em se tratando de matérias conhecíveis de ofício e que não demandem dilação probatória, garante-se ao executado impugnação sem garantia da execução, por meio da exceção de pré-executividade, como reconhecido pacificamente pela jurisprudência, consolidada nos termos da Súmula 393/STJ:

> Súmula 393/STJ. A exceção de pré-executividade é admissível na execução fiscal relativamente às matérias conhecíveis de ofício que não demandem dilação probatória.

Como veremos a seguir, há ilegitimidade passiva processual do executado, ora excipiente, e prescrição, ambas matérias conhecíveis de ofício, nos termos do art. 485, IV, VI e § 3°, e do art. 487, II, do CPC:

> Art. 485. O juiz não resolverá o mérito quando:
> (...)
> IV – verificar a ausência de pressupostos de constituição e de desenvolvimento válido e regular do processo;
> (...)
> VI – verificar ausência de legitimidade ou de interesse processual;
> (...)
> § 3° O juiz conhecerá de ofício da matéria constante dos incisos IV, V, VI e IX, em qualquer tempo e grau de jurisdição, enquanto não ocorrer o trânsito em julgado.

---

73. Lembre-se: não invente dados, atenha-se ao que está na questão, ou poderá ser considerada identificação da peça!

74. Quem apresenta a exceção é o excipiente

75. Quem promove a execução e está no polo passivo da exceção é o excepto

76. Como os espelhos de correção da OAB costumam exigir manifestação expressa a respeito do cabimento e da tempestividade, sugerimos destacar em tópico próprio. Na exceção, não há necessidade de fundamentar a tempestividade

(...)

Art. 487. Haverá resolução de mérito quando o juiz:

(...)

II – decidir, de ofício ou a requerimento, sobre a ocorrência de decadência ou prescrição;

(...)

Cabível, portanto, a exceção de pré-executividade.

3. DO DIREITO

O nome do excipiente não foi inscrito em dívida ativa, nem consta da CDA, de modo que não aproveita ao exequente a presunção de liquidez e certeza prevista no art. 204 do CTN e no art. 3º da Lei 6.830/1980.

Assim, caberia ao excepto demonstrar os fundamentos da suposta responsabilidade tributária do excipiente, o que não ocorreu. Pelo contrário, é evidente o descabimento da cobrança do crédito tributário contra ele.

De fato, o excipiente nunca foi gestor da empresa executada. Somente administradores podem ser considerados responsáveis tributários, nos termos do art. 135, III, do CTN, jamais o simples sócio:

Art. 135. São pessoalmente responsáveis pelos créditos correspondentes a obrigações tributárias resultantes de atos praticados com excesso de poderes ou infração de lei, contrato social ou estatutos:

(...)

III – os diretores, gerentes ou representantes de pessoas jurídicas de direito privado.

Somente isso já demonstra a ilegitimidade passiva processual do excipiente.

Ademais, mesmo os gestores somente poderão ser responsabilizados pelos débitos tributários da sociedade em caso de violação da lei, do contrato social ou de excesso de poderes, o que não ocorreu.

O simples inadimplemento não implica a responsabilidade do art. 135 do CTN, conforme jurisprudência pacífica, consolidada pela Súmula 430/STJ:

Súmula 430/STJ. O inadimplemento da obrigação tributária pela sociedade não gera, por si só, a responsabilidade solidária do sócio-gerente.

Também por essa razão, inviável a execução voltada contra o excipiente.

Finalmente, o crédito tributário em execução está prescrito. O lançamento ocorreu em 2004 e somente em 2012 (aproximadamente 8 anos depois) foi ajuizada a presente execução fiscal, sendo cediço que o prazo prescricional é de apenas 5 anos, contados na forma do art. 174 do CTN.

4. DO PEDIDO

Por todo o exposto, o executado, ora excipiente, requer:

a) seja o exequente, ora excepto, intimado para exercer o contraditório;

PRÁTICA TRIBUTÁRIA – 4ª EDIÇÃO

b) seja a presente exceção conhecida e, ao final, acolhida, para excluir o excipiente do polo passivo, por inexistir responsabilidade tributária, e para extinguir a execução, por prescrição do crédito;

c) seja o exequente, ora excepto, condenado ao pagamento das custas processuais e dos honorários de sucumbência fixados por Vossa Excelência (art. 85, § 3º, do CPC).

Termos em que

Pede Deferimento

(Local), (data)

[77]

ADVOGADO (...)

OAB-(Estado) nº (...)

Endereço (...)

3. OUTROS MODELOS

3.1. MODELO: PETIÇÃO INICIAL DE AÇÃO DECLARATÓRIA DE INE-XISTÊNCIA DE OBRIGAÇÃO, COM DECLARAÇÃO INCIDENTAL DE INCONSTITUCIONALIDADE

Excelentíssimo Senhor Doutor Juiz de Direito da Vara da Fazenda Pública da Comarca de São Paulo – SP

[78]

(Denominação da sociedade), inscrita no Cadastro Nacional da Pessoa Jurídica – CNPJ sob número (...), endereço eletrônico (...), estabelecida na (endereço),[79] por seu advogado, que assina esta petição (procuração em anexo), com escritório para recebimento de intimações na (endereço – art. 77, V, do CPC), vem, respeitosamente, propor contra o Estado de São Paulo, cujo procurador pode ser localizado em (endereço), a presente

AÇÃO ORDINÁRIA DECLARATÓRIA DE INEXISTÊNCIA DE OBRIGAÇÃO TRIBUTÁRIA

nos termos do artigo 19, inciso I, do Código de Processo Civil – CPC, pelas razões a seguir aduzidas:

---

77. Não esqueça: jamais assine ou, de outra forma, identifique sua peça!

78. Deixe espaço de aproximadamente 10 cm

79. Não se esqueça de consultar o art. 319 do CPC para elaborar sua inicial

1. DOS FATOS

Em razão de decisão tomada no CONFAZ, firmada pelos secretários da Fazenda das 27 unidades da Federação, foi aprovada no Congresso Nacional uma lei complementar com as seguintes disposições relativas ao ICMS:

–o art. 1º iguala em âmbito nacional a alíquota do ICMS incidente sobre a produção e comercialização do arroz, passando do que era, em média, 10%, para 30% em todas as unidades da Federação;

–o art. 2º determina que, nas operações que destinem quaisquer mercadorias para o exterior, seja mantido e aproveitado o montante do crédito do imposto cobrado nas operações e prestações anteriores;

–o art. 3º determina que, nas operações de vendas isentas, os contribuintes vendedores tenham igualmente o direito à manutenção e ao aproveitamento do montante do crédito do imposto cobrado nas operações e prestações anteriores.

A cláusula de vigência dessa lei, publicada em 31 de maio de 2008, reza, apenas, que a lei entra em vigor na data de sua publicação.

Em 30 de junho de 2008, o secretário da Fazenda do réu editou decreto de regulamentação de tal lei, no qual se estabelece a exigência das novas alíquotas a partir de 1º de janeiro de 2009.

A autora é empresa agropecuária produtora e exportadora de arroz, situada e domiciliada em São Paulo, conforme comprovam os documentos em anexo.

2. DO DIREITO

A majoração da alíquota do ICMS, de 10% para 30%, que o réu pretende exigir a partir do exercício seguinte, é inconstitucional.

A competência do Conselho Fazendário – CONFAZ é delineada pelo art. 155, § 2º, XII, *g*, da CF:

> Art. 155 (...) § 2º
>
> (...)
>
> XII – cabe à lei complementar:
>
> (...)
>
> g) regular a forma como, mediante deliberação dos Estados e do Distrito Federal, isenções, incentivos e benefícios fiscais serão concedidos e revogados.
>
> (...)

Assim, compete ao CONFAZ decidir acerca de isenções, incentivos e benefícios fiscais, mas não sobre fixação de alíquotas de ICMS.

A matéria (alteração de alíquotas) tampouco é listada no art. 155, § 2º, da CF dentre aquelas que podem ser reguladas por lei complementar federal.

Na verdade, as alíquotas internas do ICMS devem ser fixadas por lei estadual ou distrital de cada ente tributante.

Isso decorre dos princípios da exclusividade das competências tributárias e da legalidade.

Compete ao Senado Federal apenas fixar as alíquotas interestaduais e, excepcional e facultativamente, limites mínimos e máximos para as alíquotas internas, nos estritos termos do art. 155, § 2º, IV e V, da CF:

Art. 155 (...) § 2º

(...)

IV – resolução do Senado Federal, de iniciativa do Presidente da República ou de um terço dos Senadores, aprovada pela maioria absoluta de seus membros, estabelecerá as alíquotas aplicáveis às operações e prestações, interestaduais e de exportação;

V – é facultado ao Senado Federal:

a) estabelecer alíquotas mínimas nas operações internas, mediante resolução de iniciativa de um terço e aprovada pela maioria absoluta de seus membros;

b) fixar alíquotas máximas nas mesmas operações para resolver conflito específico que envolva interesse de Estados, mediante resolução de iniciativa da maioria absoluta e aprovada por dois terços de seus membros;

(...)

Percebe-se que o Congresso Nacional extrapolou suas competências ao fixar alíquotas de ICMS, de modo que a lei complementar produzida é inconstitucional.

O Estado de São Paulo, portanto, não poderia, por simples decreto, estabelecer a exigência do ICMS com a alíquota majorada.

Seria preciso, reitere-se, lei estadual a tratar do assunto, sob pena de ofensa ao princípio da legalidade.

Esse é o entendimento jurisprudencial:

("transcrição de precedente jurisprudencial")

Ainda que assim não fosse, a majoração de 10% para 30% em relação a um produto absolutamente essencial é inviável.

Isso porque o ICMS pode (deve, para muitos autores) ser seletivo em função da essencialidade do bem, nos termos do art. 155, § 2º, III, da CF. Vale dizer, produtos mais relevantes para a vida das pessoas, como é o caso do arroz e de outras mercadorias da cesta básica, devem ter tributação menor. Eis a lição doutrinária:

("transcrição de entendimento doutrinário")

Por todas essas razões, o decreto estadual é inconstitucional, razão pela qual deve ser dado provimento ao pleito declaratório, para afastar a iminente exigência da alíquota invalidamente majorada sobre as operações da autora.

3. DO PEDIDO

Por todo o exposto, a autora requer:

a) citação da ré para a audiência de conciliação a ser designada por Vossa Excelência, nos termos do art. 334 do CPC, e, sendo o caso, para que apresente contestação (art. 335 do CPC), sob pena de revelia (art. 344 do CPC);

b) produção de todas as provas admitidas pelo Direito (art. 319, VI, do CPC), sendo que a prova documental instrui esta inicial (arts. 320 e 434 do CPC);

c) seja, ao final:

– declarada incidentalmente a inconstitucionalidade da Lei Complementar nº (...), por invasão da competência privativa dos Estados e do Distrito Federal, e do Decreto Estadual (...), por ofensa ao princípio da legalidade;

– declarada a inexistência de obrigação tributária entre a autora e o fisco, em relação à inconstitucional majoração do ICMS, de 10% para 30%;

d) condenação da ré ao pagamento das custas processuais e dos honorários de sucumbência fixados por Vossa Excelência nos termos do art. 85, § 3º, do CPC;

O autor opta pela realização da audiência de conciliação (art. 319, VII, do CPC).

Dá-se à causa o valor de R$ (...) (art. 292 do CPC).

Termos em que

Pede Deferimento

(local), (data)

[80]

ADVOGADO (...)

OAB-(Estado) nº (...)

Endereço (...)

3.2. MODELO: PETIÇÃO INICIAL DE AÇÃO ANULATÓRIA, CUMULADA COM PEDIDO DE EMISSÃO DE CERTIDÃO NEGATIVA.

Excelentíssimo Senhor Doutor Juiz de Direito da Vara da Fazenda Pública da Comarca de Rio do Sul – SC

[81]

RN Ltda., inscrita no Cadastro Nacional da Pessoa Jurídica – CNPJ sob número (...), endereço eletrônico (...), estabelecida na (endereço),[82] por seu advogado, que assina esta petição (procuração em anexo), com escritório para recebimento de intimações na (endereço – art. 77, V, do CPC), vem, respeitosamente, propor contra o Município de Rio do Sul – SC, cujo procurador pode ser localizado em (endereço), a presente

AÇÃO ANULATÓRIA DE LANÇAMENTO, CUMULADA COM PEDIDO DE EMISSÃO DE CERTIDÃO NEGATIVA E TUTELA DE URGÊNCIA DE NATUREZA ANTECIPADA

nos termos do artigo 38 da Lei 6.830/80, pelas razões a seguir aduzidas:

---

80. Não se esqueça: jamais assine ou, de outra forma, identifique sua peça!

81. Deixe espaço de aproximadamente 10 cm

82. Não se esqueça de consultar o art. 319 do CPC para elaborar sua inicial

1. DOS FATOS

A autora, estabelecida no Município de Taió – SC, foi notificada, em 01/03/2008, pelo município de Rio do Sul – SC (réu), para recolher o ISS relativo aos serviços de transporte escolar realizados entre os municípios citados, no período de 01/01/2003 a 31/12/2007 (documentos em anexo).

O tributo não foi pago nem foi oferecida impugnação administrativa.

A autora precisa, urgentemente, de certidão de regularidade fiscal para participar de procedimento licitatório no município de Rio do Sul – SC, conforme documentação em anexo.

A execução fiscal foi proposta em 10/8/2008, com base na certidão de dívida ativa lavrada em 10/5/2008.

2. DO DIREITO

Como relatado, o réu exige da autora ISS relativo à prestação de serviços de transporte intermunicipal.

Ocorre que a competência para tributar essas operações é do Estado, conforme art. 155, II, da CF:

> Art. 155. Compete aos Estados e ao Distrito Federal instituir impostos sobre:
> (...)
> II – operações relativas à circulação de mercadorias e sobre prestações de serviços de transporte interestadual e intermunicipal e de comunicação, ainda que as operações e as prestações se iniciem no exterior;
> (...)

A competência estadual, prevista nesse dispositivo constitucional, afasta a competência dos Municípios, conforme disposto no art. 156, III, da CF:

> Art. 156. Compete aos Municípios instituir impostos sobre:
> (...)
> III – serviços de qualquer natureza, não compreendidos no art. 155, II, definidos em lei complementar.
> (...)

Esse é o entendimento jurisprudencial e doutrinário:

("transcrições de precedentes jurisprudenciais e de entendimentos doutrinários")

É indevida, portanto, a cobrança de ISS promovida pelo Município de Rio do Sul – SC.

Ademais, considerando que não há obrigação tributária e que o lançamento efetuado é nulo, inexiste débito tributário, de modo que deve ser fornecida a certidão negativa, nos termos do art. 205, parágrafo único, do CTN:

> Art. 205. (...) Parágrafo único. A certidão negativa será sempre expedida nos termos em que tenha sido requerida e será fornecida dentro de 10 (dez) dias da data da entrada do requerimento na repartição.

Deve ser dado provimento, portanto, à presente anulatória, determinando-se a imediata emissão da certidão negativa.

3. DA TUTELA DE URGÊNCIA DE NATUREZA ANTECIPADA – art. 300 do CPC[83]

Cabe tutela de urgência de natureza antecipada quando houver elementos que evidenciem a probabilidade do direito e o perigo de dano ou risco ao resultado útil do processo, nos termos do art. 300 do CPC:

Art. 300. A tutela de urgência será concedida quando houver elementos que evidenciem a probabilidade do direito e o perigo de dano ou o risco ao resultado útil do processo.

§ 1º Para a concessão da tutela de urgência, o juiz pode, conforme o caso, exigir caução real ou fidejussória idônea para ressarcir os danos que a outra parte possa vir a sofrer, podendo a caução ser dispensada se a parte economicamente hipossuficiente não puder oferecê-la.

§ 2º A tutela de urgência pode ser concedida liminarmente ou após justificação prévia.

§ 3º A tutela de urgência de natureza antecipada não será concedida quando houver perigo de irreversibilidade dos efeitos da decisão.

Existe prova inequívoca do alegado. A verossimilhança das alegações é clara, pelo exposto acima. Isso demonstra a probabilidade de êxito desta demanda.

Há risco de dano irreparável na demora do provimento jurisdicional.

Isso porque a demora na emissão da certidão negativa poderá impedir a autora de participar do certame licitatório, lesando seu direito ao livre exercício da empresa.

Presentes, portanto, todas as condições para a tutela de urgência pretendida, sem oitiva do réu, para que emita imediatamente a certidão negativa de débitos.

4. DO PEDIDO

Por todo o exposto, a autora requer:

a) seja deferida a tutela de urgência de natureza antecipada, para que o réu emita imediatamente a certidão negativa de débitos;

b) citação da ré para a audiência de conciliação a ser designada por Vossa Excelência, nos termos do art. 334 do CPC, e, sendo o caso, para que apresente contestação (art. 335 do CPC), sob pena de revelia (art. 344 do CPC);

c) produção de todas as provas admitidas pelo Direito (art. 319, VI, do CPC), sendo que a prova documental instrui esta inicial (arts. 320 e 434 do CPC);

d) seja, ao final:

– decretada a nulidade do lançamento realizado; e

– condenado o réu a emitir a certidão negativa, confirmando-se a tutela de urgência;

e) condenação da ré ao pagamento das custas processuais e dos honorários de sucumbência fixados por Vossa Excelência nos termos do art. 85, § 3º, do CPC;

---

83. Note que é possível requerer tutela provisória de evidência (= tutela da evidência), distinta da tutela provisória de urgência, quando não há *periculum in mora*, desde que seja um dos casos previstos no art. 311 do CPC.

PRÁTICA TRIBUTÁRIA – 4ª EDIÇÃO

O autor opta pela realização da audiência de conciliação (art. 319, VII, do CPC).

Dá-se à causa o valor de R$ (...) (valor do indébito – art. 292 do CPC).

Termos em que

Pede Deferimento

(local), (data)

[84]

ADVOGADO (...)

OAB-(Estado) nº (...)

Endereço (...)

3.3. MODELO: PETIÇÃO INICIAL DE AÇÃO DE CONSIGNAÇÃO EM PAGAMENTO

Excelentíssimo Senhor Doutor Juiz de Direito da Vara da Fazenda Pública da Comarca de Vale Verde

[85]

Adão Alves, (estado civil), (profissão), inscrito no CPF sob número (...), endereço eletrônico (...), e Joana Lima (estado civil), (profissão), inscrita no CPF sob número (...), endereço eletrônico (...),residentes e domiciliados na (endereço),[86] por seu advogado que firma a presente petição (procuração em anexo), com escritório para recebimento de intimações na (endereço – art. 77, V, do CPC), vêm, respeitosamente, propor em face da Municipalidade de Vale Verde, cujo procurador pode ser localizado em (endereço), a presente

AÇÃO DE CONSIGNAÇÃO EM PAGAMENTO

nos termos do art. 164 do Código Tributário Nacional – CTN, e dos arts. 539 e seguintes do Código de Processo Civil – CPC, pelas razões a seguir aduzidas:

1. DOS FATOS

Os autores são coproprietários de imóvel urbano no Município de Vale Verde, conforme documentação em anexo.

Ao receberem carnê para pagamento parcelado do imposto sobre a propriedade predial e territorial urbana (IPTU), foram surpreendidos com a cobrança de taxa de remoção de lixo (documentação em anexo).

Ocorre que os autores consideram a cobrança da mencionada taxa inconstitucional, pois não tem por objeto serviço público divisível e não é destinada a contribuintes determinados.

---

84. Não se esqueça: jamais assine ou, de outra forma, identifique sua peça!

85. Deixe espaço de aproximadamente 10 cm

86. Não se esqueça de consultar o art. 319 do CPC para elaborar sua inicial

Ao se dirigirem à secretaria de fazenda municipal, foram impedidos de efetuar os pagamentos devidos a título de IPTU sob o argumento de que o Município somente receberia as importâncias relativas ao IPTU se houvesse o pagamento concomitante da referida taxa de remoção de lixo (documentação em anexo).

A postura do fisco municipal é insustentável, como veremos a seguir.

2. DO DIREITO

Nos termos do art. 164, I, do CTN, o fisco não pode se recusar a receber o pagamento de IPTU, nem condicioná-lo ao pagamento de outro tributo:

> Art. 164. A importância de crédito tributário pode ser consignada judicialmente pelo sujeito passivo, nos casos:
>
> I – de recusa de recebimento, ou subordinação deste ao pagamento de outro tributo ou de penalidade, ou ao cumprimento de obrigação acessória;
>
> (...)

De fato, os contribuintes têm o direito de pagar seus tributos, independentemente da discussão a respeito de outras exações.

Dito de maneira diversa, se o fisco entende devida a indigitada taxa, deve se valer dos meios disponíveis para sua cobrança, e não impedir o recolhimento de outros tributos. Esse é o entendimento da melhor doutrina:

("transcrição de entendimento doutrinário")

A jurisprudência é pacífica nesse sentido:

("transcrição de precedentes jurisprudenciais")

Assim sendo, deve ser autorizada a consignação em pagamento das parcelas de IPTU, para que o correspondente crédito tributário seja extinto, na forma da lei.

3. DO PEDIDO

Por todo o exposto, os autores requerem:

a) seja deferido, nos termos do art. 542, I, do CPC, o depósito do valor do tributo devido neste mês, no montante de R$ (...), sem prejuízo dos depósitos dos valores vincendos nos termos do art. 541 do CPC;

b) a citação do réu para levantar o depósito ou oferecer contestação (art. 542, II, do CPC);

c) a produção de provas por todos os meios admitidos pelo Direito;[87]

d) seja a presente ação julgada procedente e declarada extinta a obrigação tributária, nos termos do art. 164, § 2º, e do art. 156, VIII, ambos do CTN, e do art. 546 do CPC;

e) seja o réu condenado ao pagamento das custas processuais e dos honorários de sucumbência a serem fixados por Vossa Excelência (arts. 85 e 546 do CPC).

O autor opta pela realização da audiência de conciliação (art. 319, VII, do CPC).

Dá-se à causa o valor de R$ (...) (valor do IPTU a ser consignado – art. 292 do CPC).

---

87. No caso presente não parece ser necessária a produção de qualquer outra prova além da documental, que deve ser juntada com a inicial

Termos em que

Pede Deferimento

(local), (data)

[88]

ADVOGADO (...)

OAB-(Estado) nº (...)

Endereço (...)

3.4. MODELO: CONTESTAÇÃO

Excelentíssimo Senhor Doutor Juiz de Direito da Vara da Fazenda Pública da Comarca de (...)

[89]

Ação Declaratória nº (...)

Município de (...), por seu procurador que firma a presente petição, com endereço para recebimento de intimações na (endereço – art. 77, V, do CPC), vem, respeitosamente, apresentar

CONTESTAÇÃO

em face da Ação Declaratória nº (...), proposta por Aderaldo............, nos termos dos arts. 335 e seguintes do CPC, pelas razões a seguir aduzidas:

1. DOS FATOS

Foi publicada, em julho de 2006, lei que isentava de IPTU "os portadores de dificuldade de locomoção decorrente de deficiência nos membros inferiores".

Após ser notificado, em janeiro de 2007, para pagar o IPTU de 2007, o autor, portador de cegueira congênita, ajuizou ação contra o município, na qual pedia que fosse declarada a inexistência da relação jurídico-tributária referente ao IPTU, com a desconstituição daquele lançamento tributário.

Na ação, o autor alegou que, por analogia, enquadrava-se na mesma categoria dos "portadores de dificuldade de locomoção" citados na mencionada lei, uma vez que, segundo ele, os cegos também têm dificuldade de se locomover, muitas vezes, maior do que a dos deficientes motores.

O autor aproveitou a ação, também, para pedir o direito de não pagar a contribuição de iluminação pública, que é cobrada juntamente com as contas de energia elétrica. Apresentou como razões para tal pedido:

---

88. Não se esqueça: jamais assine ou, de outra forma, identifique sua peça!

89. Deixe espaço de aproximadamente 10 cm

a) que as notificações de pagamento que tem recebido não foram expedidas pela prefeitura, como exigiria o Código Tributário Nacional;

b) que, no seu caso, não ocorreria o fato gerador da obrigação tributária, visto que, sendo ele cego e sendo o fato gerador de tal tributo uma situação de fato, aplicar-se-ia, no caso, a regra do *caput* e a do inciso I do art. 116 do CTN, que rezam: "Salvo disposição de lei em contrário, considera-se ocorrido o fato gerador e existentes os seus efeitos: I – tratando-se de situação de fato, desde o momento em que se verifiquem as circunstâncias materiais necessárias a que produza os efeitos que normalmente lhe são próprios;".

Conforme argumentação apresentada por Aderaldo, a definição do fato gerador da iluminação pública exige que o contribuinte se enquadre no conceito de receptador dessa iluminação, o que não ocorreria com ele.

2. DO DIREITO

A norma isentiva municipal é clara ao conceder o benefício relativo ao IPTU apenas aos "portadores de dificuldade de locomoção decorrente de deficiência nos membros inferiores".

Por mais que pareça justo o pleito do autor, não é possível interpretar extensivamente o alcance da norma isentiva.

De fato, o art. 111, II, do CTN é claro ao impor a interpretação literal desses benefícios fiscais:

> Art. 111. Interpreta-se literalmente a legislação tributária que disponha sobre:
> (...)
> II – outorga de isenção;
> (...)

É incontroverso que o autor não sofre de dificuldade de locomoção decorrente de deficiência nos membros inferiores.

Não há como a Prefeitura ou o Judiciário concederem isenção ao arrepio da lei.

Esse é o entendimento pacífico da jurisprudência:

("transcrição de precedente jurisprudencial")

No que se refere à contribuição para custeio da iluminação pública, a suposta não ocorrência do fato gerador em relação ao autor não se sustenta.

É cediço que a contribuição é definida por sua finalidade, qual seja, custeio dos serviços de iluminação pública, não pelo seu fato gerador, conforme dispõe o art. 149-A da CF:

> Art. 149-A. Os Municípios e o Distrito Federal poderão instituir contribuição, na forma das respectivas leis, para o custeio do serviço de iluminação pública, observado o disposto no art. 150, I e III.

> Parágrafo único. É facultada a cobrança da contribuição a que se refere o *caput*, na fatura de consumo de energia elétrica.

É impróprio, portanto, o argumento do autor, no sentido de que o fato gerador não ocorre em relação a ele.

O que importa é que a **finalidade da contribuição**, que é o custeio do serviço de iluminação pública, está sendo atendida. Eis a lição da melhor doutrina:

PRÁTICA TRIBUTÁRIA – 4ª EDIÇÃO

("transcrição de entendimento doutrinário")

Ademais, a iluminação das vias públicas é questão que interessa a todos, inclusive àqueles que não enxergam, já que é elemento essencial para a segurança.

Dito de outra forma, mesmo o deficiente visual é beneficiado pela boa iluminação pública, na medida em que corre menos riscos de ser vítima de atropelamentos, acidentes diversos causados por terceiros ou mesmo assaltos.

Quanto à notificação, o próprio constituinte dispensou o município de lançar diretamente o tributo e notificar o contribuinte, já que a exação pode ser cobrada pela própria concessionária, na fatura de energia elétrica.

Assim, não há como exigir que a notificação seja enviada pela própria Prefeitura, se o art. 149-A, parágrafo único, da CF admite o envio pela concessionária de energia elétrica.

3. DO PEDIDO

Por todo o exposto, o Município requer seja julgada improcedente a ação, com a condenação do autor nas custas e honorários advocatícios.

Provará o alegado por todos os meios de prova admitidos em direito.[90]

Termos em que

Pede Deferimento

(local), (data)

[91]

ADVOGADO (...)

OAB-(Estado) nº (...)

Endereço (...)

3.5. MODELO: RECURSO EXTRAORDINÁRIO

Excelentíssimo Senhor Doutor Desembargador Presidente do Egrégio Tribunal de Justiça do Estado de (...)

[92]

Recurso nº (...)

Indústria de Embalagens Boa Caixa Ltda., qualificada nos autos do processo em epígrafe, por seu advogado, que assina a presente petição, vem, respeitosamente, à presença de Vossa Excelência, interpor este

---

90. Nos termos do art. 336 do CPC, é preciso especificar as provas que pretende produzir, mas, neste caso, não há controvérsia fática nem, portanto, necessidade de dilação probatória

91. Não se esqueça: jamais assine ou, de outra forma, identifique sua peça!

92. Deixe espaço de aproximadamente 10 cm

RECURSO EXTRAORDINÁRIO

contra o v. acórdão de fls. (...), proferido por esse D. Tribunal de Justiça, em face da Fazenda Pública do Estado de (...), com fundamento no art. 102, III, *a,* da Constituição Federal, pelas razões contidas na minuta em anexo.

Requer, outrossim, seja o presente recurso devidamente recebido e processado, intimando-se a parte contrária para que ofereça, dentro do prazo legal, as contrarrazões.

Em seguida, requer seja o recurso admitido, por preencher os requisitos legais e constitucionais, conforme demonstrado na minuta em anexo, remetendo-se os autos ao Colendo Supremo Tribunal Federal.

Por fim, requer a juntada dos comprovantes de recolhimento das custas e do porte de remessa e retorno.

Termos em que

Pede Deferimento.

(local), (data)

[93]

ADVOGADO (...)

OAB-(Estado) nº (...)

Endereço (...)

[94]

Razões de Recurso Extraordinário

Recorrente: Indústria de Embalagens Boa Caixa Ltda.

Recorrida: Fazenda do Estado de (...)

Egrégio Supremo Tribunal Federal

Colenda Turma

1. EXPOSIÇÃO DO FATO E DO DIREITO

A recorrente é indústria que atua na produção de embalagens em geral.

Nessa condição, é contribuinte do ICMS.

A recorrida publicou a Lei Estadual 12.345, de 10 de janeiro de 2002, majorando a alíquota geral do ICMS em 1 ponto percentual (de 17% para 18%), com vigência a partir do primeiro dia do exercício seguinte.

Essa mesma lei vinculou a receita do acréscimo de ICMS (1 ponto percentual) às despesas com moradia popular.

---

93. Não esqueça: jamais assine ou, de outra forma, identifique sua peça!

94. Normalmente as razões do recurso começam em outra página. No exame, é suficiente traçar uma linha ou dar espaço antes de prosseguir.

PRÁTICA TRIBUTÁRIA – 4ª EDIÇÃO

Por discordar da validade da majoração, a recorrente manteve o recolhimento do imposto pela alíquota anterior (17%).

Em janeiro de 2010, a recorrida lavrou auto de infração contra a recorrente, que foi notificada no mesmo mês. A fiscalização entendeu que houve recolhimento a menor e exigiu a diferença de alíquota, corrigida monetariamente, acrescida de multa e juros moratórios, relativa ao período de janeiro de 2003 a dezembro de 2009.

A recorrente discordou da cobrança, razão pela qual propôs a presente ação anulatória. Alegou ofensa à vedação de vinculação da receita de impostos a despesa específica (art. 167, IV, da CF) e, subsidiariamente, decadência dos valores relativos ao período anterior a cinco anos, contados da autuação.

O Tribunal de origem, entretanto, manteve a autuação.

A Corte Estadual consignou que a vinculação da receita do imposto foi apenas parcial e autorizada por lei específica plenamente válida.

No que se refere à decadência, o Tribunal de Justiça entendeu que o prazo para o lançamento é de 10 anos, pois somou o período para a homologação tácita, previsto no art. 150, § 4º, do CTN, ao quinquênio fixado pelo art. 173, I, do mesmo Código.

Inconformada, a recorrente interpôs o presente Recurso Extraordinário, contra a parte constitucional do acórdão, além de, concomitantemente, Recurso Especial, no que se refere à matéria decadencial.

2. PRELIMINAR – REPERCUSSÃO GERAL

A inconstitucional exigência de imposto cuja receita é vinculada a despesa específica, realizada pelo Estado de (...), é generalizada, afetando todos os contribuintes do ICMS, com enorme impacto econômico em toda a cadeia produtiva e mercantil.

Isso já demonstra a repercussão geral e a necessidade de conhecimento do Recurso Extraordinário, nos termos do art. 1.035, § 1º, do CPC:

> Art. 1.035. O Supremo Tribunal Federal, em decisão irrecorrível, não conhecerá do recurso extraordinário quando a questão constitucional nele versada não tiver repercussão geral, nos termos deste artigo.
>
> § 1º Para efeito de repercussão geral, será considerada a existência ou não de questões **relevantes do ponto de vista econômico, político, social ou jurídico** que ultrapassem os interesses subjetivos do processo.
>
> (...)
>
> § 2º O recorrente deverá demonstrar a existência de repercussão geral para apreciação exclusiva pelo Supremo Tribunal Federal.
>
> § 3º Haverá repercussão geral sempre que o recurso impugnar acórdão que:
>
> I – contrarie súmula ou jurisprudência dominante do Supremo Tribunal Federal;
>
> II – (revogado)
>
> III – tenha reconhecido a inconstitucionalidade de tratado ou de lei federal, nos termos do art. 97 da Constituição Federal.
>
> (...)

Ademais, há diversos precedentes do Egrégio Supremo Tribunal Federal, relativos à legislação tributária de outros Estados, que reconhecem a inconstitucionalidade da majoração de ICMS vinculada à despesa específica, o que demonstra a repercussão geral, também com base no art. 1.035, § 3º, acima transcrito.

Por essas razões, o presente Recurso deve ser, com a devida vênia, conhecido por esse Egrégio Tribunal.

3. DO CABIMENTO DO RECURSO

Cabe Recurso Extraordinário, entre outras hipóteses, quando há causa decidida em última instância, em que há contrariedade a dispositivo da Constituição Federal – art. 102, III, *a*, da CF.

No caso, o Tribunal de Justiça de (...) violou frontalmente o art. 167, IV, da CF, ao ratificar a exigência de imposto cuja receita é vinculada a despesa específica, como veremos no próximo tópico.

Não há mais recurso cabível na Corte Estadual, o que demonstra o **esgotamento da instância ordinária**, nos termos da Súmula 281/STF ("É inadmissível o recurso extraordinário, quando couber na justiça de origem, recurso ordinário da decisão impugnada").

Ademais, a matéria constitucional impugnada foi expressamente analisada pelo TJ, conforme o seguinte trecho do acórdão recorrido (fl.):

("transcrição do trecho do acórdão em que há análise de mérito a respeito da matéria constitucional")

Houve, portanto, **prequestionamento** da questão trazida ao Egrégio STF, sendo possível seu conhecimento, afastando-se a aplicação da Súmula 282/STF ("É inadmissível o recurso extraordinário, quando não ventilada, na decisão recorrida, a questão federal suscitada").

Como relatado, o fundamento constitucional aduzido pela recorrente é **suficiente para a reforma do acórdão recorrido**, o que afasta a aplicação da Súmula 283/STF ("É inadmissível o recurso extraordinário, quando a decisão recorrida assenta em mais de um fundamento suficiente e o recurso não abrange todos eles").

Estão preenchidos, portanto, os requisitos de admissibilidade e de conhecimento do Recurso Extraordinário.

4. DAS RAZÕES PARA A REFORMA DO ACÓRDÃO RECORRIDO

Como relatado, a autuação que se pretende afastar refere-se à majoração da alíquota do ICMS (1 ponto percentual, de 17% para 18%), cuja receita foi inconstitucionalmente vinculada às despesas com moradia popular, nos termos da Lei Estadual 12.345/2002.

Por mais nobre que sejam as razões do legislador, o certo é que a Constituição Federal veda expressamente a vinculação das receitas de impostos a despesas específicas, nos termos de seu art. 167, IV:

Art. 167. São vedados:

(...)

IV – a vinculação de receita de impostos a órgão, fundo ou despesa, ressalvadas a repartição do produto da arrecadação dos impostos a que se referem os arts. 158 e 159, a destinação de recursos para as ações e serviços públicos de saúde, para manutenção e desenvolvimento do ensino e para realização de atividades da administração tributária, como determinado, respectivamente, pelos arts. 198, § 2º,

PRÁTICA TRIBUTÁRIA – 4ª EDIÇÃO

212 e 37, XXII, e a prestação de garantias às operações de crédito por antecipação de receita, previstas no art. 165, § 8°, bem como o disposto no § 4° deste artigo; (...)

O dispositivo constitucional não permite nem mesmo a vinculação parcial da receita de determinado imposto, o que prejudica totalmente o entendimento adotado pelo Tribunal de origem.

A inconstitucionalidade dessa vinculação já foi reconhecida por este Egrégio Tribunal em casos análogos, referentes à legislação de outros estados, conforme os seguintes precedentes:

("transcrição de precedentes do STF").

A doutrina é pacífica nesse sentido:

("transcrição de entendimento doutrinário")

Por essa razão, o acórdão do Tribunal de origem, que ratificou a exigência de imposto cuja receita é vinculada a despesa específica, violou frontalmente o art. 167, IV, da CF, razão pela qual deve ser reformado.

5. DO PEDIDO

Ante o exposto, requer o conhecimento do presente Recurso Extraordinário pela Colenda Turma, para que dê provimento ao pleito da recorrente, reforme o acórdão proferido pelo Tribunal de origem e julgue procedente a demanda.

Termos em que

Pede Deferimento.

(local), (data)

[95]

ADVOGADO (...)

OAB-(Estado) n° (...)

Endereço (...)

3.6. MODELO: RECURSO ESPECIAL

Excelentíssimo Senhor Doutor Desembargador Presidente do Egrégio Tribunal de Justiça do Estado de (...)

[96]

Recurso n° (...)

Indústria de Embalagens Boa Caixa Ltda., qualificada nos autos do processo em epígrafe, por seu advogado, que assina a presente petição, vem, respeitosamente, à presença de Vossa Excelência, interpor este

---

95. Não esqueça: jamais assine ou, de outra forma, identifique sua peça!

96. Deixe espaço de aproximadamente 10 cm

RECURSO ESPECIAL

contra o v. acórdão de fls. (...), proferido por esse D. Tribunal de Justiça, em face da Fazenda Pública do Estado de (...), com fundamento no art. 105, III, *a* e *c,* da Constituição Federal, pelas razões contidas na minuta em anexo.

Requer, outrossim, seja o presente recurso devidamente recebido e processado, intimando-se a parte contrária para que ofereça, dentro do prazo legal, as contrarrazões.

Em seguida, requer seja o recurso admitido, por preencher os requisitos legais e constitucionais, conforme demonstrado na minuta em anexo, remetendo-se os autos ao Colendo Superior Tribunal de Justiça.

Por fim, requer a juntada dos comprovantes de recolhimento das custas e do porte de remessa e retorno.

Termos em que

Pede Deferimento.

(local), (data)

[97]

ADVOGADO (...)

OAB-(Estado) n° (...)

Endereço (...)

[98]

Razões de Recurso Especial

Recorrente: Indústria de Embalagens Boa Caixa Ltda.

Recorrida: Fazenda do Estado de (...)

Egrégio Superior Tribunal de Justiça

Colenda Turma

1. EXPOSIÇÃO DO FATO E DO DIREITO

A recorrente é indústria que atua na produção de embalagens em geral.

Nessa condição, é contribuinte do ICMS.

A recorrida publicou a Lei Estadual 12.345, de 10 de janeiro de 2002, majorando a alíquota geral do ICMS em 1 ponto percentual (de 17% para 18%), com vigência a partir do primeiro dia do exercício seguinte.

Essa mesma lei vinculou a receita do acréscimo de ICMS (1 ponto percentual) às despesas com moradia popular.

Por discordar da validade da majoração, a recorrente manteve o recolhimento do imposto pela alíquota anterior (17%).

---

97. Não esqueça: jamais assine ou, de outra forma, identifique sua peça!

98. Normalmente as razões do recurso começam em outra página. No exame, é suficiente traçar uma linha ou dar espaço antes de prosseguir.

Em janeiro de 2010, a recorrida lavrou auto de infração contra a recorrente, que foi notificada no mesmo mês. A fiscalização entendeu que houve recolhimento a menor e exigiu a diferença de alíquota, corrigida monetariamente, acrescida de multa e juros moratórios, relativa ao período de janeiro de 2003 a dezembro de 2009.

A recorrente discordou da cobrança, razão pela qual propôs a presente ação anulatória. Alegou ofensa à vedação de vinculação da receita de impostos a despesa específica (art. 167, IV, da CF) e, subsidiariamente, decadência dos valores relativos ao período anterior a cinco anos, contados da autuação.

O Tribunal de origem, entretanto, manteve a autuação.

A Corte Estadual consignou que a vinculação da receita do imposto foi apenas parcial e autorizada por lei específica plenamente válida.

No que se refere à decadência, o Tribunal de Justiça entendeu que o prazo para o lançamento é de 10 anos, pois somou o período para a homologação tácita, previsto no art. 150, § 4º, do CTN, ao quinquênio fixado pelo art. 173, I, do mesmo Código.

Inconformada, a recorrente interpôs o presente Recurso Especial, no que se refere à matéria decadencial, além de, concomitantemente, Recurso Extraordinário, contra a parte constitucional do acórdão.

2. DO CABIMENTO DO RECURSO

Cabe Recurso Especial, entre outras hipóteses, quando há causa decidida em última instância por Tribunal de Justiça, em que há contrariedade a lei federal e interpretação divergente daquela dada por outro tribunal – art. 105, III, *a* e *c*, da CF.

No caso, o Tribunal de Justiça de (...) violou frontalmente o art. 150, § 4º, do CTN, ao afastar a decadência quinquenal (alínea *a* do permissivo constitucional), além de dar-lhe interpretação divergente em relação a precedentes de outros Tribunais de Justiça e do próprio Egrégio STJ (alínea *c*), como veremos no próximo tópico.

Não há mais recurso cabível na Corte Estadual, o que demonstra o **esgotamento da instância ordinária**, nos termos da Súmula 281/STF, aplicada por analogia ("É inadmissível o recurso extraordinário, quando couber na justiça de origem, recurso ordinário da decisão impugnada").

Ademais, a matéria federal impugnada foi expressamente analisada pelo TJ, conforme o seguinte trecho do acórdão recorrido (fl.):

("transcrição do trecho do acórdão em que há análise de mérito a respeito da matéria federal – aplicação da lei federal ao caso concreto")

Houve, portanto, **prequestionamento** da questão trazida ao Egrégio STJ, sendo possível seu conhecimento, afastando-se a aplicação da Súmula 211/STJ ("Inadmissível recurso especial quanto à questão que, a despeito da oposição de embargos declaratórios, não foi apreciada pelo Tribunal *a quo*") e da Súmula 282/STF, aplicada por analogia ("É inadmissível o recurso extraordinário, quando não ventilada, na decisão recorrida, a questão federal suscitada").

A impugnação ao fundamento legal do acórdão recorrido (decadência) é suficiente para sua reforma, ainda que parcial, independentemente de seu fundamento constitucional (inconstitucionalidade da majoração). Vale dizer, ainda que não houvesse Recurso Extraordinário, seria possível o conhecimento do Especial.

De qualquer forma, como relatado, foi interposto Recurso Extraordinário contra o fundamento constitucional do acórdão recorrido, o que afasta, definitivamente, a aplicação da Súmula 126/STJ ("É inadmissível recurso especial, quando o acórdão recorrido assenta em fundamentos constitucional e infraconstitucional, qualquer deles suficiente, por si só, para mantê-lo, e a parte vencida não manifesta recurso extraordinário").

Estão preenchidos, portanto, os requisitos de admissibilidade e de conhecimento do Recurso Especial.

3. DAS RAZÕES PARA A REFORMA DO ACÓRDÃO RECORRIDO

O acórdão recorrido violou frontalmente o disposto no art. 150, § 4º, do CTN, além de lhe dar interpretação divergente daquela dada por outros tribunais e pelo próprio Egrégio STJ, como veremos a seguir.

3.1 Violação da legislação federal – art. 150, § 4º, do CTN – alínea *a* do permissivo constitucional

Como relatado, o recorrente sofreu autuação em janeiro de 2010, relativamente a suposto recolhimento a menor do ICMS relativo aos exercícios de 2003 a 2009.

O Tribunal de origem afastou o argumento da decadência, pois aplicou o prazo decenal, somando o período para a homologação tácita, previsto no art. 150, § 4º, do CTN, ao quinquênio fixado pelo art. 173, I, do mesmo Código.

Houve violação do art. 150, § 4º, do CTN, pois o dispositivo legal é expresso ao reconhecer a extinção do crédito tributário, relativo a tributo lançado por homologação, após 5 anos contados do fato gerador:

> Art. 150. O lançamento por homologação, que ocorre quanto aos tributos cuja legislação atribua ao sujeito passivo o dever de antecipar o pagamento sem prévio exame da autoridade administrativa, opera-se pelo ato em que a referida autoridade, tomando conhecimento da atividade assim exercida pelo obrigado, expressamente a homologa.
>
> (...)
>
> § 4º Se a lei não fixar prazo a homologação, será ele de cinco anos, a contar da ocorrência do fato gerador; expirado esse prazo sem que a Fazenda Pública se tenha pronunciado, considera-se homologado o lançamento e definitivamente extinto o crédito, salvo se comprovada a ocorrência de dolo, fraude ou simulação.

De fato, se o fisco mantém-se inerte por mais de 5 anos, seu direito de rever o lançamento por homologação, vale dizer, de lançar eventuais diferenças, extingue-se inexoravelmente

Este é o entendimento doutrinário e jurisprudencial:

("transcrição de entendimento doutrinário")

("transcrição de precedentes jurisprudenciais")

No caso, a autuação fiscal ocorreu apenas em janeiro de 2010.

Eventuais diferenças relativas a fatos geradores ocorridos em dezembro de 2004 somente poderia ser objeto de lançamento de ofício até dezembro de 2009 (5 anos após o fato gerador), conforme o citado art. 150, § 4º, do CTN.

PRÁTICA TRIBUTÁRIA – 4ª EDIÇÃO

Por essa razão, é inviável a exigência de eventuais diferenças de ICMS relativa a esse mês (dezembro de 2004) e aos anteriores.

Assim, ainda que se admitisse a constitucionalidade da cobrança (o que será discutido no Recurso Extraordinário) o lançamento efetuado pela recorrida é nulo em relação ao período compreendido entre janeiro de 2003 a dezembro de 2004, por ofensa ao art. 150, § 4º, do CTN.

3.2 Do dissídio jurisprudencial – alínea *c* do permissivo constitucional [99]

Como dito, há diversos precedentes de outros tribunais e do próprio STJ em sentido contrário ao adotado pelo acórdão recorrido.

O recorrente apresenta, como acórdão-paradigma, aquele proferido na Apelação Cível XX.XXX/Estado pelo Tribunal de Justiça do Estado de (...) *[outro Estado, não pode ser precedente próprio do Tribunal que proferiu o acórdão recorrido]*, conforme cópia integral em anexo (relatório, ementa e votos), extraída diretamente do sítio daquela Corte na internet – art. 1.029, § 1º, do CPC.

A seguir, faz-se o confronto analítico, demonstrando-se a similitude dos casos e divergência na interpretação da matéria federal (decadência), conforme o art. 1.029, § 1º, *in fine*, do CPC.

O acórdão recorrido, como relatado, aplicou o prazo decenal para a decadência, somando o período para a homologação tácita, previsto no art. 150, § 4º, do CTN, ao quinquênio fixado pelo art. 173, I, do mesmo Código, conforme o seguinte trecho do voto-condutor:

("transcrição do trecho do acórdão a ser confrontado com o paradigma")

O acórdão-paradigma, que trata exatamente da mesma matéria (similitude fática), dá ao art. 150, § 4º, interpretação totalmente divergente, ao reconhecer o prazo quinquenal para a decadência dos tributos lançados por homologação, em que houve recolhimento supostamente a menor pelo contribuinte. Transcrevo trecho do voto-condutor:

("transcrição do trecho do acórdão-paradigma a ser confrontado com o recorrido")

Ao analisarem a mesma questão jurídica, o Tribunal *a quo* reconheceu a decadência decenal, enquanto o Tribunal do Estado de (...), pelo acórdão paradigma, aplicou a decadência quinquenal prevista no art. 150, § 4º, do CTN.

O entendimento adotado no acórdão-paradigma deve ser prestigiado, conforme a jurisprudência deste Egrégio STJ e a doutrina majoritária:

("transcrição de precedente do STJ")

("transcrição de entendimento doutrinário")

Assim, também pela alínea *c* do permissivo constitucional (divergência jurisprudencial), o presente Recurso Especial deve ser conhecido e provido.

---

99. Considerando que o candidato não terá acesso à jurisprudência no dia do Exame, eventual interposição do REsp pela alínea c do permissivo constitucional dependerá de fornecimento, pelo examinador, de precedente em sentido contrário ao acórdão recorrido, ou, então, deve-se apenas indicar genericamente o conteúdo do acórdão-paradigma, como fazemos neste modelo

4. DO PEDIDO

Ante o exposto, requer o conhecimento do presente Recurso Especial pela Colenda Turma, para que dê provimento ao pleito da recorrente, reforme o acórdão proferido pelo Tribunal de origem e reconheça a decadência da suposta diferença de imposto relativa ao período entre janeiro de 2003 a dezembro de 2004, nos termos do art. 150, § 4º, do CTN.

Termos em que

Pede Deferimento.

(local), (data)

[100]

ADVOGADO (...)

OAB-(Estado) nº (...)

Endereço (...)

3.7. MODELO: RECURSO ORDINÁRIO CONSTITUCIONAL

Excelentíssimo Senhor Doutor Desembargador Presidente do Egrégio Tribunal de Justiça do Estado de (...)

[101]

Mandado de Segurança nº (...)

Sapato Sola Boa Ltda., qualificada nos autos do processo em epígrafe, por seu advogado, que assina a presente petição, vem, respeitosamente, à presença de Vossa Excelência, interpor este

RECURSO ORDINÁRIO CONSTITUCIONAL EM MANDADO DE SEGURANÇA

contra o v. acórdão de fls. (...), proferido por esse D. Tribunal de Justiça, em face da Fazenda Pública do Estado de (...), com fundamento no art. 105, II, *b,* da Constituição Federal e no art. 18 da Lei 12.016/2009, pelas razões contidas na minuta em anexo.

Requer, outrossim, seja o presente recurso devidamente recebido e processado, intimando-se a parte contrária para que ofereça, dentro do prazo legal, as contrarrazões.

Em seguida, requer seja o recurso admitido, por preencher os requisitos legais e constitucionais, conforme demonstrado na minuta em anexo, remetendo-se os autos ao Colendo Superior Tribunal de Justiça.

Por fim, requer a juntada dos comprovantes de recolhimento das custas e do porte de remessa e retorno.

Termos em que

---

100. Não esqueça: jamais assine ou, de outra forma, identifique sua peça!

101. Deixe espaço de aproximadamente 10 cm

Pede Deferimento.

(local), (data)

[102]

ADVOGADO (...)

OAB-(Estado) nº (...)

Endereço (...)

[103]

Razões de Recurso Ordinário Constitucional em Mandado de Segurança

Recorrente: Sapato Sola Boa Ltda.

Recorrida: Fazenda do Estado de (...)

Egrégio Superior Tribunal de Justiça

Colenda Turma

1. DOS FUNDAMENTOS DE FATO

A recorrente atua no comércio atacadista de sapatos e, nessa condição, é contribuinte do ICMS.

A sociedade está passando por dificuldades financeiras, razão pela qual deixou de recolher o imposto estadual nos últimos 6 meses.

Por conta do inadimplemento, a autoridade coatora cassou o registro fiscal da recorrente, impedindo suas atividades mercantis, na medida em que vedou a emissão de notas fiscais e a impressão de novos talonários.

A decisão foi proferida pelo Secretário da Fazenda do Estado de (...), nos termos da Lei Estadual 12.345/2010.

O art. X da Constituição do Estado de (...) prevê a competência do Tribunal de Justiça para julgamento dos Mandados de Segurança impetrados contra Secretários Estaduais.

Por essa razão, e por entender inconstitucional o impedimento às suas atividades empresariais, a recorrente impetrou tempestivamente *writ* contra a autoridade coatora, que acabou sendo denegado pelo Tribunal de Justiça, sob o argumento de que a medida encontra respaldo na legislação local.

Inconformada, a recorrente interpõe o presente Recurso Ordinário ao Egrégio STJ.

2. DOS FUNDAMENTOS DE DIREITO – DAS RAZÕES PARA A REFORMA DA DECISÃO

---

102. Não esqueça: jamais assine ou, de outra forma, identifique sua peça!

103. Normalmente as razões do recurso começam em outra página. No exame, é suficiente traçar uma linha ou dar espaço antes de prosseguir.

Cabe Recurso Ordinário Constitucional, entre outras hipóteses, contra acórdão que denega Mandado de Segurança impetrado originariamente no Tribunal de Justiça – art. 105, II, *b*, da CF. [104]

O Recurso Ordinário é análogo à Apelação, aplicando-se as normas relativas aos requisitos e aos procedimentos daquele recurso, nos termos dos arts. 1.027, § 2º, e 1.028, § 2º, do CPC.

Por essa razão, o conhecimento da demanda é devolvido amplamente ao Egrégio Superior Tribunal de Justiça, que tem competência para rever o acórdão recorrido, inclusive no que se refere ao argumento constitucional aduzido pela impetrante.

No caso, a autoridade impetrada impede que a recorrente exerça sua atividade empresarial, como forma de impor o recolhimento do tributo em atraso.

Ocorre que o livre exercício da atividade empresarial é garantido pelo art. 5º, XIII, da CF:

> Art. 5º, XIII – é livre o exercício de qualquer trabalho, ofício ou profissão, atendidas as qualificações profissionais que a lei estabelecer;

Essa liberdade, que implica garantia à própria subsistência da entidade empresarial, de seus sócios e de seus empregados, não pode ser reduzida ou suprimida para atender ao interesse arrecadatório do Estado. Cito a melhor doutrina:

("transcrição de entendimento doutrinário")

De fato, o fisco dispõe de instrumento eficiente e suficiente para a cobrança de seus débitos, qual seja a execução fiscal, sendo desnecessária e desproporcional a total vedação das atividades empresarias da devedora.

Esse é o entendimento do Egrégio Supremo Tribunal Federal, conforme a seguinte Súmula:

> Súmula 547/STF: Não é lícito à autoridade proibir que o contribuinte em débito adquira estampilhas, despache mercadorias nas alfândegas e **exerça suas atividades profissionais**.

A jurisprudência vem seguindo esse entendimento, vedando a cassação de registro fiscal de empresas em débito com o fisco, conforme os seguintes precedentes:

("transcrição de precedentes jurisprudenciais")

Por essa razão, o acórdão recorrido deve ser reformado, para que seja concedida a segurança pleiteada.

3. DO PEDIDO

Por todo o exposto, requer o conhecimento do presente Recurso Ordinário Constitucional e seu provimento, para reforma do acórdão recorrido e concessão da segurança pleiteada, afastando-se o ato coator de cassação do registro fiscal da recorrente, para que ela possa exercer normalmente suas atividades, emitindo notas fiscais e imprimindo novos talonários.

---

104. Lembre-se que, em caso de concessão da segurança originariamente impetrada no Tribunal, cabe, em tese, Recurso Especial ou Recurso Extraordinário, não Recurso Ordinário, que só é adequado quando a ordem for **denegada**, conforme o art. 18 da Lei 12.016/2009

PRÁTICA TRIBUTÁRIA – 4ª EDIÇÃO

Termos em que

Pede Deferimento.

(local), (data)

[105]

ADVOGADO (...)

OAB-(Estado) nº (...)

Endereço (...)

3.8. MODELO: EXECUÇÃO FISCAL

Excelentíssimo Senhor Doutor Juiz de Direito do Anexo Fiscal da Comarca de (...)
[106]

O Estado de Minas Gerais, por seu procurador, que firma a presente petição e recebe intimações na, vem à presença de Vossa Excelência, respeitosamente, propor esta

EXECUÇÃO FISCAL

contra ABC S/A, estabelecida na (endereço), inscrita no CNPJ sob nº (...) e no cadastro fiscal estadual sob nº (...), nos termos do art. 6º da Lei 6.830/1980, pelas razões a seguir aduzidas:

1. DA DÍVIDA

A executada é devedora do ICMS relativo às suas atividades empresariais atinentes aos meses de outubro a novembro de 2008, no valor de R$ 250.000,00 (montante em fevereiro de 2011), **conforme a Certidão da Dívida Ativa em anexo,** que integra a presente petição inicial como se nela estivesse transcrita (art. 6º, § 1º, da Lei 6.830/1980). [107]

2. DO PEDIDO

Pelo exposto, o exequente requer:

a) a citação da executada por correio, com aviso de recebimento, para pagar a dívida em 5 dias, com os juros e multa de mora e encargos indicados na Certidão de Dívida Ativa, ou oferecer garantia, conforme o art. 8º da Lei 6.830/1980, sob pena de penhora de bens a ser determinada por Vossa Excelência, prioritariamente por meio do sistema Bacen Jud (penhora *on-line* de ativos bancários);

b) seja a executada condenada ao pagamento das custas processuais e dos honorários de sucumbência fixados por Vossa Excelência.

Dá-se à causa o valor de R$ (...) (montante da dívida constante da certidão, com os encargos legais – art. 6º, § 4º, da Lei 6.830/1980)

---

105. Não esqueça: jamais assine ou, de outra forma, identifique sua peça!

106. Deixe espaço de aproximadamente 10 cm

107. A rigor, a petição inicial e a CDA podem compor um único documento, inclusive elaborado por sistema informatizado, conforme o art. 6º, § 2º, da Lei 6.830/1980

Termos em que

Pede Deferimento.

(local), (data)

[108]

PROCURADOR (...)

OAB-(Estado) n° (...)

Endereço (...)

3.9. MODELO: MEDIDA CAUTELAR FISCAL

Excelentíssimo Senhor Doutor Juiz de Direito do Anexo Fiscal da Comarca de (...)

[109]

O Estado de Minas Gerais, por seu procurador, que firma a presente petição e recebe intimações na (...), vem à presença de Vossa Excelência, respeitosamente, requerer

MEDIDA CAUTELAR FISCAL

contra ABC S/A, estabelecida na (endereço), inscrita no CNPJ sob n° (...) e no cadastro fiscal estadual sob n° (...), e sua controladora XYZ Ltda., estabelecida na (endereço), inscrita no CNPJ sob n° (...) e no cadastro fiscal estadual sob n° (...), nos termos da Lei 8.397/1992, pelas razões a seguir aduzidas:

1. DOS FATOS

A primeira requerida é devedora do ICMS relativo às suas atividades empresariais atinentes aos meses de outubro a novembro de 2008, no valor de R$ 250.000,00 (montante em fevereiro de 2011), conforme a Certidão da Dívida Ativa em anexo.

Pela análise de seu balanço patrimonial (cópia em anexo) e fiscalização de seus estabelecimentos (auto em anexo), percebe-se que o valor da dívida é superior ao patrimônio da empresa.

Ademais, a requerida pretende alienar bens de seu ativo permanente, conforme anúncio publicado em jornal local (cópia em anexo), o que, caso efetivado, frustrará definitivamente a pretensão fiscal.

A segunda requerida é a controladora, com poderes para fazer cumprir as obrigações fiscais (art. 4°, § 1°, da Lei 8.397/1992), conforme o estatuto e as atas em anexo.

2. DO DIREITO

Nos termos do art. 2°, VI, da Lei 8.397/1992, cabe a medida cautelar fiscal quando o devedor "possui débitos, inscritos ou não em Dívida Ativa, que somados ultrapassem trinta por cento do seu patrimônio conhecido".

---

108. Não esqueça: jamais assine ou, de outra forma, identifique sua peça!

109. Deixe espaço de aproximadamente 10 cm

No caso, é incontroverso que o débito está inscrito, de modo que a dívida é líquida e certa (art. 204 do CTN), e que seu valor ultrapassa o patrimônio líquido da empresa, conforme os balanços produzidos por ela mesma (cópia em anexo) e constatado pela fiscalização (documentos em anexo).

Como se não bastasse, a alienação dos bens que a devedora pretende promover também dá ensejo à cautelar, conforme o art. 2º, III e IX, da Lei 8.397/1992.

Ademais, a alienação de patrimônio, sem manutenção de bens suficientes para satisfação do crédito tributário, implica fraude, nos termos do art. 185 do CTN.

Por essas razões, cabe garantir cautelarmente a pretensão fiscal, conforme a melhor doutrina:

("transcrição de entendimento doutrinário")

Esse é também o entendimento jurisprudencial:

("transcrição de precedente jurisprudencial")

Finalmente, cabe medida cautelar fiscal contra a controladora com poderes para fazer cumprir exigência fiscal (art. 4º, § 1º, da Lei 8.397/1992), como é o caso presente.

3. DA LIMINAR

Como comprovam os documentos em anexo, a primeira requerida pretende alienar bens de seu ativo permanente, embora não tenha patrimônio suficiente para satisfazer o crédito tributário.

A situação de iminente prejuízo para a Fazenda exige que a indisponibilidade dos bens seja imediatamente determinada, mesmo antes da citação, sob pena de tornar-se inócua a presente medida cautelar.

Por essa razão, o Fisco requer a concessão da liminar, nos termos do art. 7º da Lei 8.397/1992, para que seja determinada a imediata indisponibilidade de bens das requeridas, suficientes para a satisfação do débito.

Informa que promoverá a Execução Fiscal no prazo previsto no art. 11 da Lei 8.397/1992.

4. DO PEDIDO

Pelo exposto, o Estado requer:

a) a concessão da liminar, determinando-se a indisponibilidade de bens das requeridas (contribuinte e controladora – art. 4º, § 1º, da Lei 8.397/1992), com imediata comunicação ao registro público de imóveis, ao Banco Central do Brasil, à Comissão de Valores Mobiliários e às demais repartições que processem registros de transferência de bens, a fim de que, no âmbito de suas atribuições, façam cumprir a constrição judicial;

b) a citação das requeridas para, querendo, contestar o pedido no prazo legal;

c) a produção de prova pericial e testemunhal, caso as requeridas contestem os fatos e Vossa Excelência entenda necessário (art. 6º, III, da Lei 8.397/1992);

d) seja, ao final, ratificada a liminar e concedida definitivamente a medida cautelar;

e) sejam as requeridas condenadas ao pagamento das custas processuais e dos honorários de sucumbência fixados por Vossa Excelência.

Dá-se à causa o valor de R$ (...) (montante da dívida constante da certidão, com os encargos legais).

Termos em que

Pede Deferimento.

(local), (data)

[110]

PROCURADOR (...)

OAB-(Estado) nº (...)

Endereço (...)

110.Não esqueça: jamais assine ou, de outra forma, identifique sua peça!